예정

예정 豫定

서우경

규장

추천의 글

서우경 박사의 삶 전체가 살아 계신 하나님의 역사를 체험한 생생한 간증이요, 기적입니다. 불교에 심취해 있던 저자가 하나님을 만나서 병 고침을 받고 놀라운 은혜를 체험하며 주님과 동행하는 진솔한 삶의 이야기입니다. 이 책을 읽는 모든 분들도 살아 계신 하나님을 만나고 그분의 사랑을 이웃에게 펼쳐나가게 되시기를 바랍니다.
이영훈(여의도순복음교회 담임목사)

한국의 대표적인 코칭 전문가인 서우경 교수는 마치 십자가에 못 박힌 것과 같은 육체의 고통에 시달리던 시절, 사랑의교회에 출석하여 고(故) 옥한흠 목사님의 말씀과 기도로 큰 위로와 영적인 힘을 얻었다고 합니다. 또 제가 강의를 맡은 교회의 성경 대학에서 양육을 받기도 했습니다. 복음과 십자가의 본질을 삶으로 체득한 놀라운 이야기들이 하나님이 예정하신 바를 분명히 이뤄가시듯, 그분의 살아 계심을 선명하게 증거합니다.
이찬수(분당우리교회 담임목사)

서우경 원장은 그동안 CTS 기독교TV의 〈내가 매일 기쁘게〉, 〈행복 코칭〉, 〈4인 4색〉 등을 통해 많은 시청자들에게 큰 반향을 불러일으켰습니다. 이 책의 출간으로 뛰어난 코칭전문가로서뿐만 아니라 놀라운 복음 전파의 통로로 쓰임 받기를 기대합니다.
감경철(CTS 기독교TV 회장)

하나님께서 말씀하실 때 우리는 전심을 다해 귀를 기울여야 합니다. 우리는 하나님의 말씀이 사라지지 않고 모두 현실로 나타나게 된다는 것을 압니다. 《예정》은 바로 그 진리의 증거이자 오랜 시간 신실하게 기다리고 기도하며 맺은 결실입니다. 이처럼 이 민족에 대한 하나님의 치유와 통일의 약속이 성취되기를 바라는 기다림과 기도 역시 오랜 시간 이어져 왔습니다. 이 책을 읽는 독자들은 책 속의 놀라운 이야기들을 통해 힘을 얻게 될 것입니다. 그리고 우리의 삶, 그리고 이 민족의 삶 속에서 일하시는 하나님을 바라보며 기대함으로 살아갈 수 있으리라 확신합니다.

벤 토레이(예수원 대표이사, 삼수령연수원 추천본부장)

《예정》은 예수 그리스도 안에서 택정함을 입은 한 사람의 기이한 거듭남에 관한 행적이며, 하나님나라의 영광을 실증하는 살아 계신 하나님의 섭리적 자전(自傳)의 기록입니다.

이승율(법학박사, 연변과학기술대학과 평양과학기술대학 대외부총장)

'영성'과 '전문성'을 두루 갖춘 하나님의 사람인 서우경 박사가 특별한 고난 속에 임하셨던 하나님을 증거하는 《예정》은 그의 하나님께 대한 순종의 결정체라고 할 수 있습니다. 그의 용기 있는 결단이 온전히 전해져 이 책을 읽는 독자들도 이 땅에 선한 영향력을 끼칠 수 있게 되길 기도합니다.

양일선(연세대학교 교수, 전 연세대 교학부총장)

서우경 박사는 창세전에 하나님의 딸로 택함을 받았고, 죽음에서 건짐을 받은 후에 했던 그녀의 고백대로 지금도 하나님께서 그 영광을 받고 계신 줄 믿습니다. 이 책이 이 땅에서 두려움 가운데 영적 전쟁을 치르고 있는 언약의 백성들에게 담대함과 승리를 얻게 하는 선한 도구가 될 것을 확신합니다.

성주헌(하사람교회 담임목사)

김순애 作, 〈울고 있는 신부〉

신부를 취하는 자는 신랑이나 서서 신랑의 음성을 듣는 친구가
크게 기뻐하나니 나는 이러한 기쁨으로 충만하였노라 요 3:29

언약의 성취,
《예정》이 나오기까지

매일 바쁜 일정을 소화하면서 내 이야기를 책으로 써낸다는 게 쉽지 않았다. 더구나 내 이야기는 아무리 믿음이 좋은 크리스천이라 해도 그대로 믿기 힘든 내용들이다. 자신이 직접 경험하지 못한 것은 이해하기가 어렵고, 또 개인적인 신앙 체험은 더더욱 색안경을 끼고 볼 수 있는 영역이다.

그래서 코칭 전문가로 살아가는 내게 간증 책을 내는 것은 매우 부담스러운 일이다. 그럼에도 주님이 원하시는 일임을 알기에 영적 공격과 여러 가지 훼방에 대한 위험을 감수하며 용기를 냈다.

《예정》은 주님이 내게 언약하신 말씀의 성취요, 놀라운 결실의 증거이다. 서른세 살, 처음 주님을 만났을 때 주님은 '하나님의 때에 너와 네 가족에게 일어난 구원의 역사가 책으로 소개될 것'이라고 하셨다. 그리고 말씀하신 대로 이 책이 세상에 나오게 되었다.

더욱 놀라운 것은 7년 전, 새벽기도 때에 규장출판사를 통해 책이 나오게 된다는 말씀을 주셨는데 정말 그렇게 되었다. 7년 전에 이 책에 대해 미리 기도하게 하셔서 출판사를 놓고 기도하고 있었다. 그때 주님께서 '때가 되면 규장출판사의 대표가 네게 직접 연락을 할 것'이라고 말씀하셨다.

그렇게 1년, 2년, 3년… 시간이 계속 흘렀다. 그러나 한 번도 만나본 적이 없는 규장의 대표에게서 연락이 올 리가 만무했다. 그러던 차에 다른 기독출판사에서 연락이 왔다. 내 이야기를 책으로 내고 싶다고, 그리고 나를 위해 오랫동안 기도했다고. 하지만 주님은 규장에서 연락이 올 때까지 기다리라는 마음을 주셨다.

주님이 간증 책에 대해 말씀하시는 부분은 늘 같았고, 별다른 변화 없이 5년이란 시간이 지나갔다. 그래서 어느 날 주님께 물었다.

'주님, 제가 규장의 여진구 대표에게 먼저 전화를 해볼까요?'

그때 나는 몇몇 월간지에 코칭 분야의 글을 기고하고 있어서 그 책들을 규장에 소개하고 싶었다. 그런데 주님은 '곧 연락이 올 것이니 기다리라'는 응답을 주셨다. 나는 답답했다.

'그 분이 내 연락처를 어떻게 알고 연락을 한단 말인가?'

하지만 주님은 계속 기다리라고만 하셨다. 내 이야기를 책으로 내고 싶다고 한 다른 출판사에 대해서는 '다음에 기회가되면 응하고, 이번에는 아니다. 그리고 《예정》은 반드시 규장을 통해서 내라. 그 책은 네가 쓰는 게 아니라 내가 쓸 것이라'라고 하셨다. 나는 주님의 말씀을 듣고 계속 기다렸다.

그러던 어느 날 저녁, 하루를 마감하며 회의를 하고 있는데, 마칠 때쯤 모르는 번호의 전화가 왔다. 나는 잠시 고민을 하다가 받았다. 낯선 남자의 목소리였다.

"여보세요?"

"안녕하세요, 저는 규장의 여진구 대표입니다."

나는 깜짝 놀랐다.

'내 전화번호를 어떻게 알았을까?'

내가 물었다.

"어떻게 제게 연락을 주셨나요? 제 번호는 어떻게 아셨지요?"

그의 입에서 나온 얘기가 놀라웠다.

"네, 얼마 전에 저희 출판사를 방문했던 이태형 기자님을 통해 연락처를 받았습니다. 사실은 2007년에 다른 분을 통해 서우경 교수님에 대해 알게 되어 그때 하려고 했는데 주님께서 제게 때가 될 때까지 기다리라고 하셨습니다. 그래서 그동안 규장과 갓피플 직원들이 모두 함께 기도해왔습니다. 그것이 5년 정도 된 것 같습니다."

"어머, 정말이세요? 5년 동안이나 저를 위해 기도하며 기다렸다고요?"

"네, 그렇습니다. 오늘도 기도하며 '주님, 언제 연락할까요'라고 여쭈었더니 지금 하라는 마음을 주셔서 연락을 드리게 되었습니다."

주님이 말씀하신 대로 때가 되어 규장의 대표님이 내게 정말 연락을 해왔고, 그간의 이야기를 들려주었다. 온몸에서 전율이 일었다. 하나님이 하시는 일은 인간의 상상을 초월하는 것이 당연하지만 7년 전에 내게 그리고 규장의 대표님에게 동일하게 말씀하셔서 연락이 온 것이 정말 놀라웠다. 그리고 2013년 3월 20일 수요일에 규장에 가서 여진구 대표님을 만나게 되었다.

그리고 몇 달 뒤에 오랜 기도의 동역자인 안은정 원장님과 내가 운영하는 코칭연구소의 윤새별 연구원과 함께 규장을 다시 방문했다. 2013년 7월 24일 화요일, 이른 아침 시간이었다.

회사에 발을 내딛는 순간, 교회에 온 것인지 회사에 온 것인지 헷갈릴 정도로 뜨거운 찬양과 주님을 향한 열정, 그 성령의 열기가 아래층에서부터 느껴졌다. 규장과 규장의 자회사인 갓피플의 70여 명의 직원들이 예배실에 모여 찬양을 드리고 있었다. 그곳에 들어갔을 때 하나님의 임재가 충만함을 느낄 수 있었다.

'아, 하나님의 책을 출판하는 규장이 우연히 좋은 영향력을 끼치는 기독출판사가 된 게 아니구나. 이렇게 많은 직원들이 눈물로 뜨겁게 기도하면서 책을 내는 곳이구나. 하나님의 뜻과 다른 마음을 품은 사람은 이 출판사를 통해 책을 내기가 어렵겠구나.'

그들의 뜨거운 찬양에 나 또한 감동이 되었다. 규장에서는 날마다 아침 일찍 모여 기도와 말씀과 찬양으로 주님께 예배를 드리고 하루를 시작한다고 했다. 나는 생각했다.

'우리나라의 수많은 크리스천 기업들 중에 이렇게 뜨거운 예배를 드리는 곳이 얼마나 될까?'

그리고 예배실의 앞자리에 앉아 간절히 기도했다.

'하나님 아버지, 주님이 오실 그때까지 규장이 변질되지 않고 온전히 주님이 기뻐 받으시는 하나님의 통로가 되는 귀한 기독출판사가 될 수 있도록 축복해주세요!'

내 영혼 깊은 곳에서 절로 기도가 터지며 눈물이 쏟아졌다.

찬양이 끝나자 대표님이 나를 소개하고 앞으로 나오게 한 후 말씀을 전해달라고 했다. 그런데 무슨 말씀을 전해야 할지 아무 생각이 나지 않았다. 나를 주님께 온전히 맡기고 내 입술을 주장해달라고 기도했다.

주의 성령이 우리 안에서 자유롭게 운행할 수 있도록 영적인 민감성을 가져야 한다는 것은 알고 있지만 우리의 이성과 사회적 지위와 사람들에게 판단 받는 것에 대한 불편함 때문에 성령을 제한하고 체면을 차릴 때가 많다. 나 또한 그 순간에 성령의 임재가 강하게 일어날까 봐 긴장하며 내 이성으로 버티고 있는 부분들에 대해 회개하며 기도했다.

'하나님 아버지, 오늘 이 시간에 하나님을 향한 뜨거운 기업, 전 직원이 성령님을 깊게 사모하며 성령충만하게 예배드리는 이곳에 보내주셔서 정말 감사합니다. 주님의 도구로 이 자리에 왔사오니 부족한 저를 사용하셔서 전할 말씀이 있으시면 제 입술을 통해 전하게 해주시고, 위로가 될 말이 있다면 제 입술을 사용하여 아픈 마음을 위로하게 해주십시오. 아버지, 이 분들을 도와주세요!'

그날 내가 무슨 얘기를 했는지 정확히 기억나지는 않지만 인간적인 생각과 계산으로 말씀을 전한 것이 아니라 주님이 나를 도구로 사용하여 그곳에 필요한 말씀을 주시는 것이 느껴졌다. 매우 은혜로웠고, 하나님께서 규장에 영적 축복을 넘치게 부어주신 것으로 기억된다. 그때 전했던 말씀을 기도 노트에 간추려 기록한 것이 있어 그대로 옮겨본다.

"지금까지 저를 위해 5년 동안 기도해주셨는데, 주님께서는 2년을 더 기도하라고 하십니다. 그래서 7년 째 되는 해에 책이 세상에 공개되기를 기도하라고 하십니다. 하나님께서 7년을 기도하게 하시고, 이 책이 세상에 나오도록 인도하시는 그 뜻을 저는 모릅니다. 그러나 주님은 아실 것입니다.

여러분, 이 책을 통해 하나님께서 이 땅과 우리에게 주시고자 하는 뜻이 무엇인지를 겸손히 구하고 나아가기를 원합니다. 앞으로 주님이 오실 때 크리스천들 중에서도 깨어 있지 못한 많은 자들이 변질될 것입니다. 종교 다원주의로 갈 것이며, 온전히 예수 그리스도밖에는 우리의 구원자가 없음에도 불구하고 '여기에도 구원이 있다, 저기에도 구원이 있다!' 하며 주님의 자녀들을 복음의 본질에서 떨어뜨리고 박해하는, 슬프고 안타까운 일들이 많이 일어날 것입니다.

하나님은 우리에게, 또 복음의 변질을 가져온 자들에게 경고하십니다. 주님은 십자가에 돌아가시면서까지 우리에게 주 예수 그리스도의 십자가밖에는 복음이 없음을 증거하셨는데, 오늘날 많은 종교 지도자들이 그것을 무너뜨리고 있는 것에 대해 책망하십니다.

저는 규장을 통해 나오게 될 《예정》이 우리가 의지할 것은 오직 예수 그리스도의 십자가밖에 없음을 증거하는 책이 되기를 원합니다. 저는 아무것도 자랑할 것이 없는 자입니다. 한때 주님을 핍박하고, 크리스천들을 '이기적인 예수쟁이들'이라며 싫어했던 사람입니다.

그런데 제가 하나님을 몰랐을 때 그분은 부족한 저를 찾아와주셔서 예수 그리스도의 십자가 보혈의 공로로 저를 하나님의 자녀로 삼아주셨고, 이제는 증인으로 세우셔서 하나님의 자녀들을 만날 수 있도록 하셨습니다. 하나님께서는 그분의 자녀들에게 하나님이 살아 계심을 증거하시려고 이 책을 세상에 내놓게 하십니다. 저는 하나님의 살아 계심을 증거하는 그분의 증인으로 세움을 받은 이 엄청난 사실을 어떻게 받아들여야 할지 매우 두렵고 떨립니다.

이제 주님은 마지막 때를 살고 있는 우리에게 말씀하십니다. 그분이 오심을 깨어서 준비하라고 하십니다. 정말 주님의 오심, 그 기대밖에는 없는 마지막 세대임을 우리에게 깨우쳐주시기를 원하십니다.

저는 《예정》이 순전한 복음을 붙들고 살아가는 진정한 크리스천들에게 희망과 숨통이 되기를 원합니다. 주의 종들에게는 생명수를 나눠주는 책이 되길 원하며, 이름도 빛도 없이 한두 명의 성도와 씨름하며 목회하시는 주의 종들에게는 오아시스 같은 위로가 되기를 원합니다. 주님은 정말 안타까운 심정으로 지방의 작은 교회의 목회자들을 위로하고 계십니다.

또한 우리를 대신해서 세계의 오지에 나가서 영적 전쟁을 치르며 날마다 십자가만을 붙들고 헌신하는 선교사들을 위해 우리는 간절히 기도해야 합니다. 사람은 몰라도 주님은 아십니다. 사람은 무시해도 주님은 인정해주십니다. 그것 하나면 됩니다. 주님은 말씀하십니다.

'사랑하는 내 종들아, 성도가 많다고, 좋은 평가를 받는다고 성공한 교회가 아니다. 성도가 단 한 명일지라도 그곳에 내 사랑이 있고, 주의 성령이 함께 있다면 성공한 교회요 성공한

목회이다.'

　주의 종의 직분은 세상에서 가장 거룩하고 명예로운 직분입니다. 그것을 함부로 폄하하는 이 세대를 살아가는 주의 종들을 향해 주님은 말씀하십니다.

　'일어나라! 빛을 발하라!'

　주님은 이 책을 7년 동안 기도로 숙성시키시고, 2015년에 세상에 공개하게 하실 것입니다. 오직 하나님 아버지의 영광만 드러내도록 기도해주시기 바랍니다. 감사합니다."

차례

세상에는 두 부류의 사람이 있다.
사람이 보기에 좋은 사람과 하나님께서 보시기에 좋은 사람이다.
이 땅에 사는 동안 사람이 보기에 좋은 사람은 알아보지만
하나님께서 보시기에 좋은 사람은
영의 눈이 어두워 보지 못한다.
이전에 내 삶도 그랬다.
서른세 살, 예수 그리스도를 만나기 전까지는….
예수 그리스도를 만난 이전과 이후의 내 삶이
어떻게 변화되었는지를 이야기하려고 한다.
내 이야기를 어떻게 풀어나가야 할지 참 막막하다.
왜냐하면 성경 말씀에 "육신의 생각은 사망이요
영의 생각은 생명과 평안이니라"(롬 8:6)라고 하셨지만
영의 생각을 읽어내고 전하는 게 쉽지 않기 때문이다.
나는 이 책을 쓰기 위해 2013년 12월 1일부터 3일까지

사흘간 금식기도를 작정하고 오산리기도원에 올랐다.
그 기도원은 서른세 살에 주님을 만났던
내 영혼의 고향 같은 곳이다.
3년 동안의 끔찍한 고통 속에 있던 나를
기도로 낫도록 인도해주신 하나님을 만난
거룩한 기도의 성산(聖山)이다.
나는 그곳에서 주님께 지혜를 구했다.
내 인간적인 생각이나 세상의 명예,
또 이성적인 판단이나 자존심을 내려놓고
성령의 인도하심만을 간절히 구했다.
나는 단지 그분의 도구에 불과하므로 글을 쓰는 데 있어
내 이성적인 판단은 넣지 않기로 작정했다.

벌써 시간이 많이 흘렀다.
주님을 만나서 크리스천이 되고,
주님을 전하는 사람으로서 기독교방송과 기독교대학에서
학생들과 목회자들을 가르치며 주님의 자녀들을
'코칭'이라는 이름으로 만나기 전까지
나는 하나님과는 거리가 먼 사람이었다.
내 이야기를 누군가에게 한다면
100명이면 100명 모두가 믿으려 하지 않을 것이다.
내 이야기는 이성을 가진 사람이라면

믿기 어려운 내용들로 가득하기 때문이다.
나 역시 내게 일어난 일을 누군가가 내게 말했다면
절대 믿으려 하지 않았을 것이다.
나는 학문적인 영역에서 전문성을 추구하는
이성적인 사람이기 때문에 눈에 보이지 않는
초자연적인 것을 받아들인다는 것이 정말 힘들다.
그러나 그 믿을 수 없는 거짓말 같은 이야기가
다른 사람도 아닌 내게 일어난 일임을
스스로 인정할 수밖에 없는 것이
내게 주어진 길이 아닌가 생각한다.

나는 하나님을 알기 전까지 불교에 깊이 심취해 있었다.
한때는 불교를 세계 포교하겠다고 마음을 먹고
그쪽과 관련된 대학을 졸업하고 석사 논문까지 쓰며
오랜 시간 동안 많은 일을 했다.
그러나 이제는 그쪽 이야기는 별로 하고 싶지 않다.
그 또한 내게 많은 가르침을 주었고,
사람들이 왜 그쪽의 진리를 찾는지
이해할 수 있는 소중한 시간이었다.
다만 분명한 것은 그곳에는 십자가에 못 박히신
예수 그리스도가 전하는 복음의 핵심이 빠져 있다.
아무리 좋은 말과 진리가 있는 것처럼 보여도

예수 그리스도가 빠진 곳에는 생명이 없다는 사실을
주님을 만나고 나서야 알게 되었다.

내게 일어난 일들이 매우 방대하여
'이것을 어떻게 체계적으로 전할까' 하는
그 마음조차 내려놓았다.
그저 주의 성령이 인도하시는 대로 쓰기로 작정했다.
솔직히 내 간증을 모르는 사람들에게
더 알리고 싶은 마음은 없었다.
그래서 《예정》이 세상에 나오기까지
나는 쉽지 않은 결정을 해야 했다.
먼저 내 이성적인 생각과 판단을 내려놓고
온전히 주님의 뜻에 순종하는 결단이 필요했다.
이 책은 내 전공 영역의 책이 아니라
세상에 처음 공개하는 개인적인 간증을 담은 책이다.
그래서 적지 않은 심적 부담이 느껴졌다.
이전에 한 기독교방송 프로그램에서
내 신앙 이야기를 한 적이 있다.
그리고 영국에 있을 때 한 교회에서도 간증을 했다.
당시 개인적인 이야기를 전하는 것에 대해
주님과 얼마나 씨름했는지 모른다.
나는 학자와 코칭 전문가로서 조용히 살아가기를 원했다.

그러나 내게 일어난 모든 일들이 하나님의 증인으로서
하나님께서 나를 선택하셔서 일어난 것임을
하나님의 자녀들에게 나누라고 하시니
순종하는 수밖에 없었다.
그렇게 하려면 내 자아는 죽어 없어져야 함을 깨달았다.
오직 내 안에 계신 예수 그리스도만이
영광을 받으시기에 합당한 분이시므로
나는 순종하며 이 책을 쓴다.

17년 전까지 주님과 상관없는 불신자로 살다가
하나님의 은혜로 서른세 살에 예수님을 만났을 때
나는 큰 충격을 받았다.
정말 하나님은 살아 계신 분이셨고,
그 외아들 예수 그리스도가 내 죄 때문에
십자가에 못 박혀 돌아가시고
부활하신 인류의 구원자이시며,
오늘도 살아 계셔서 나와 같은 죄인을 부르시는
하나님이심을 알게 되었기 때문이다.
천지를 지으신 창조주 하나님 아버지가
내 아버지라는 사실을 믿기 시작했을 때,
이미 창세전에 내가 하나님의 자녀로 '예정'되어
있었다는 사실을 알고 얼마나 놀랐는지 모른다.

내 나이 서른세 살, 주님을 만난 그날을
나는 평생 잊지 못한다.
주님은 3년 동안 불치병으로 누워 지내던
내게 찾아오셔서 모든 병증을 고쳐주셨다.
주의 성령을 보내시고 동행해주시는 기가 막힌 일이
기적처럼 내 삶에 일어났다.
불가능한 일, 도저히 상상도 못했던 일이었다.
정말 하나님의 놀라우신 은혜라고밖에는
표현할 길이 없다.

나는 이 땅에서 두 가지를 가지고 살고 있다.
하나는 '전문성'이고 하나는 '영성'이다.
코칭 전문가로서의 일을 감당하며,
많은 크리스천들을 리더로 세우는 일을 하고 있다.
현재는 영적인 영역의 일보다는
코칭 전문가로서 더 많은 일을 하고 있다.
이 두 가지 일의 궁극적인 목표는
하나님과 복음을 전하는 '전도'이다.
이 책도 전도의 사명이라는 큰 흐름 속에서
주님의 계획 가운데 시작되었다.

이 책을 읽는 독자들에게
한 가지 부탁드리고 싶은 것이 있다.
내 이야기를 자신의 생각과 인식의 틀 안에서 왜곡하여
확대 혹은 재해석하지 않았으면 하는 것이다.
이 책에 소개되는 이야기는 한 개인이 하나님의 은혜로
예수 그리스도를 영접하고 온 가족이 구원을 받게 된
체험적인 신앙을 소개한 글이다.
하나님을 만나는 체험은 각자의 분량에 따라
다양하고 독특할 것이다.
하나님께서는 개인의 분량에 맞게
은혜를 주시기 때문이다.
신앙생활에서 가장 중요한 것은 십자가에 못 박힌
예수 그리스도만을 온전히 믿고 따르는 것이다.
오직 예수 그리스도 한 분 만으로 만족한 삶이 되어야 한다.

내가 기독교로 개종한 후 느낀 한 가지는 크리스천들 중에
신앙생활은 열심히 하는데 인격적으로 성숙하지 못한 편협
한 사람들이 많다는 것이다. 그들의 특징은 상대방에 대해
쉽게 판단하고 부정적인 말을 함부로 한다는 것이다. 그런
그들의 모습을 보며 왜 많은 사람들이 교회를 떠나는지를 알
게 되었다. 또한 성숙하지 못한 그리스도인들을 보며 나 역
시 그런 신앙인이 되지 않기를 기도한다.

이 책이 하나님의 자녀들이 주께 더 가까이 가고,
하나님 아버지께서 살아 계시다는 것을 알고,
성령님을 더 사모하고,
주님과 더 깊은 교제로 나아가는 데
도움이 되기를 진심으로 바란다.

만 서른세 살, 생후 7개월 된 의성이와 함께 (2000년)

1장

인도하시는 하나님

I

2013년 1학기 봄이었다.

연세대학교 코칭아카데미 강의를 마치고 나오는데

한 제자가 다가와 내게 말했다.

"제가 교수님의 간증을 보고 연세대에 왔어요.

간증이 정말 은혜로웠어요!"

"네, 그러셨군요. 그런데 제 간증이라니요?

저는 교회에서 간증을 잘 하지 않는데 어디서 보셨죠?"

"유튜브에 교수님이 하신 간증이 올라와 있어요."

"거기에 간증을 올린 적이 없는데 어디서 한 간증이죠?"

"영국의 한 교회에서 하신 것 같던데요."

"어머나, 제가 영국에 갔을 때 런던순복음교회에서

유일하게 간증을 한 건데, 그것이 지금 유튜브에

올라와 있어요?"

"네, 교수님, 그걸 보고 큰 은혜를 받았어요."

"한국도 아니고, 금요 철야예배 시간이라
엄청 강하게 간증을 한 것인데 그게 올라와 있다고요?"
"네."
나는 급히 집으로 돌아와 확인해보았다.
그런데 이미 조회수가 7천 건이 넘었고,
　2015년 현재 20만 건이 넘었다.
이미 여러 블로그와 카페에 공유되어 있었다.
나는 놀라서 제자인 새별이에게 급히 연락을 했다.
"내 개인적인 간증이 지금 유튜브에 올라와 있어.
내가 뭐라고 간증했는지 잘 기억도 안 나는데….
많은 사람들에게 내 개인적인 이야기가 노출되는 게
정말 부담이 되니 네가 좀 알아보렴.
그 영상이 유튜브에 올려진 경위를 확인해보고,
올린 분에게 빨리 삭제 요청을 하렴."
그렇게 말하고 전화를 끊었다.
그런데 다음 날 새별이가 장문의 편지 두 장을
빼곡히 써서 내게 가져왔다.
'교수님의 간증을 보았는데 정말 은혜로운 내용이라
삭제 요청을 하기가 아쉽습니다.
아무래도 하나님이 하신 일 같으니
교수님께서 깊이 기도하시고 좀 더 신중하게
결정을 내리시는 것이 좋을 것 같습니다.'

신실한 제자인 새별이가 은혜를 받았다며 쓴 편지가
내 마음을 흔들어놓았고, 하나님께 기도하게 만들었다.
그러나 내 개인적인 이야기가 모르는 사람들에게
확산되는 것을 나는 정말 원치 않았다.
이 험한 세상에 어떤 일이 일어날지 알 수 없기에
모르는 사람이 올린 동영상을 허락하고 싶지 않았다.

그렇게 며칠의 시간이 흘렀다.
하나님께 기도하며 그분의 뜻을 구했다.
주의 성령께서 나를 설득하기 시작하셨다.
'우경아, 그것은 내가 올리도록 인도한 거야.
그러니 삭제하지 않길 원한다.
그 영상을 보고 많은 영혼들이 내게로 돌아올 거야.
그러니 그대로 두렴.'
하나님께서 말씀하셨지만 내 마음은 계속 불편했다.
나는 간증을 들어보기로 했다.
내가 말한 것을 들어보려니 마음이 편치 않았다.
직접 들어보니 민망하기도 하고
그날 감기에 심하게 걸려서 목소리도 좋지 않고,
눈도 부어서 육체적으로는 최악의 조건이었다.
올린 분이 '인도하시는 하나님'이라는 제목으로
영상을 올려놓고 소개하는 글에는 이렇게 써놓았다.

'영상의 마지막 즈음에는 우리가 이 마지막 때에
신부로 단장되어야 함을 말씀하고 계십니다.'
간증에서 많은 말들을 했는데
그렇게 써놓은 것도 하나님의 뜻일 거라는 생각을 했다.
　나는 지금도 그 분이 어떤 분인지는 잘 모른다. 그러나 귀한
　하나님의 사람임을 믿는다.
그럼에도 내 이야기가 널리 공개되는 것이 매우 불편했다.
나는 다시 하나님께 기도했다.
'하나님, 그 동영상을 삭제하면 안 될까요?'
주님이 말씀하셨다.
'절대 삭제해서는 안 된다. 그대로 두어라.
앞으로 수많은 사람들이 보고 내게 돌아올 것이라.
그가 한 것이 아니라 내가 그를 통해 한 것이고,
마지막 때에 내 자녀들을 준비시키기 위한 것이니
너는 두려워하지 말고 그대로 두어라.'
'그렇지만 모르는 사람들에게
제 간증이 함부로 노출되는 것이 몹시 부담스러워요.
가장 소중한 제 비밀이 파헤쳐지는 것 같아요.
그러나 하나님께서 허락하신 일이라면
하나님의 귀한 자녀들이 그것을 보고
성령충만을 회복하는 데 쓰임 받게 해주세요.
혹 믿지 않는 자들이 보게 된다면

하나님께서 살아 계시다는 것을 알게 해주시고
그들이 돌아오는 데 쓰임 받는 영상이 되게 해주세요.'
나는 그렇게 기도했다.
주님은 내게 다시 질문하셨다.
'육에 속한 자들, 어둠에 속한 자들이 네 간증을 보고
내게로 돌아온다면 너는 그것을 없애겠느냐,
그대로 두겠느냐?'
나는 주저 없이 대답했다.
'그렇다면 그대로 두겠습니다.'
주님은 말씀하셨다.
'그대로 두라, 그리고 아무것도 염려하지 말라.'
그렇게 또 시간이 흘렀다.
3만, 5만, 10만….
조회수가 점점 높아지는 것을 보고 새별이에게 말했다.
"어쩌면 이 간증을 몇 십만 명이 볼 수도 있겠구나.
정말 하나님이 하고 계시는구나.
이제는 손을 쓸 수 없게 되었어.
그런데 사람들이 제목을 특정 종교와 관련해서
올려놓아 부담이 되는구나.
내가 불교 관련 석사 학위 논문을 쓰고
사찰에서 운영하는 대학에서 불교 교리를
아이들에게 수년 동안 가르치긴 했지만

이제는 하나님을 전하는 데 초점을 두고 싶어.
과거의 일들은 중요하지 않다고 생각해."
그래서 나는 동영상을 올려놓은 블로거와 카페지기들에게
잘못된 제목의 정정을 요청하는 메일을 보내도록 했다.
교회에서 한 간증은 하나님의 인도하심에 대해
내가 받은 은혜를 나눈 것이었지만
만약 그 영상이 많은 사람들에게
유포될 것을 미리 알았더라면
간증에서 그렇게 많은 것을 말하지 않았을지도 모른다.

2

2011년 10월 17일부터 19일까지 2박 3일 동안
유럽, 아프리카, 아시아에 파송된
선교사들을 대상으로 열린 '런던 선교사 컨퍼런스'에서
나는 18, 19일 이틀 동안 '선교 코칭' 강의를 진행하게 되었다.
그때 컨퍼런스가 열린 장소가 런던순복음교회였다.
그 교회는 유럽에서 가장 큰 한인교회 중 하나였다.
순복음 신앙뿐만 아니라 장로교, 침례교 등
다양한 배경을 가진 한국 교인들이 모여
참으로 신실하신 목회자들에게 잘 양육받고 있었다.
내게 참 따뜻한 인상을 준 교회였다.
동영상에는 그곳에서 한 간증의 내용이 들어 있다.
나는 스스로 생각해보았다.
'내 간증이 얼마나 부담이 되는 이야기이기에
나 스스로 사람들에게 노출되는 것을 그렇게 꺼려했을까?'

많은 시간 동안 연단을 받았지만
내게 일어났던 일들을 사람들에게 말하는 것은
지금도 대단히 낯설고 두렵다.
왜냐하면 세상에는 자신의 상처를 끌어안은 채
상대방에게 사랑을 미움으로, 선을 악으로,
은혜를 저주로 바꾸는 악인들이 많기 때문이다.
나는 그들의 악함을 더 이상 보고 싶지 않다.
이 땅에 살아가는 동안 신실한 하나님의 자녀들과
주님이 오심을 준비하며 은혜와 사랑과 평안만을
나누고 싶을 뿐이다.
그러나 이 땅의 삶은 영적 전쟁터이며 깨어 있지 않으면
사탄이 언제 어떻게 우리를 공격하여 넘어뜨릴지 모른다.
택함 받은 주의 종들을 조롱하며 넘어뜨리기 위해
예수 그리스도가 있니 없니, 하나님이 있니 없니 하며
엉뚱한 소리를 하기에 우리는 승리하기 위해
깨어 기도하는 수밖에 없다.

이제 유튜브 영상에 담긴 간증의 내용뿐 아니라
소개되지 않은 이야기들을 풀어놓으려고 한다.
　지금 시간은 2013년 12월 2일 오후 3시 정각이다. 이 시간에
　성령께서 내 입술을 주장하신 것으로 나는 이 책을 쓴다.
앞서 말했지만 이 책은 2013년 12월 1일부터 3일까지

주님이 내게 금식기도로 준비하게 하시며
성령께서 친히 인도하여 쓰게 되었음을 밝힌다.
이 책이 어떻게 흘러가게 될지,
내 이야기를 어떻게 매듭지을지 알 수 없지만
앞으로 세 권의 책을 주님께서 펴낸다고 하시니
나는 순종하고 따라갈 뿐이다.
《예정1》은 유튜브에 나와 있는 간증을 중심으로
살아 계신 하나님께서 역사하신 일에 대해 쓰여질 것이고,
《예정2》는 내가 주님을 만난 이후에
어떻게 코칭 전문가로 삶을 살아왔는지와
주님이 얼마나 훌륭한 라이프 코치(life coach)이신지,
날마다 그분이 행하신 놀라운 일들을 풀어낼 것이다.
《예정3》은 아마도 내가 나이가 좀 더 들었을 때
주님께서 요한계시록의 비밀을 밝혀주실 것이라고 믿는다.
아마도 세 번째 책이 나올 때는 많은 준비로
내 삶이 크게 달라져 있을 것이다.
그때가 되면 코칭 교수로뿐만 아니라
사역자의 신분으로 주님의 오심을 준비하고 선포하며
주님의 자녀들과 함께 살아 있는 복음의 말씀,
생명수를 나누고 있지 않을까 생각한다.
나는 그날이 속히 오기를 원한다.
그때가 되면 깨어 있는 자와 깨어 있지 않은 자로

나뉘어 있을 것이다.
모든 핍박 속에서도 깨어 있는 자들은
열 처녀의 비유에 나와 있듯이
'그릇에 기름을 예비하여
주님 맞을 준비를 하고 있는 지혜로운 자들'처럼
기쁨으로 신랑을 맞을 준비를 하고 있을 것이 분명하다.
나는 예수 그리스도가 내 안에
이렇게 들어와 계시게 될 줄은 전혀 상상해본 적이 없다.
이제 나는 그 이야기를 주님의 자녀들과
영혼이 갈급한 자들을 위해 풀도록 하겠다.

나는 어릴 적에 매우 명랑하고 밝은 아이였다.
밝고 쾌활하다는 말이 성적표에도 늘 쓰여 있었고
또 자주 들어서 그런 말이 싫을 때도 있었다.
하지만 성인이 되어 생각해보니 그처럼 좋은 말도 없었다.
늘 명랑하고 밝고 쾌활하다는 말이
성경의 "항상 기뻐하라"와 연결되어
참 좋은 말이라는 걸 나중에 알게 되었다.
나는 딸 부잣집의 맏이로 성장했다.
육신의 아버지는 사업에 매우 능숙하셔서
나와 내 동생들에게 당시는 상상도 못할
교육적 혜택을 받는 등 최고로 키워주셨다.

우리 집은 일하는 사람들과 여러 명의 가정 교사 등
늘 많은 사람들로 북적거렸다.
부유했기에 우리는 하나님이 없이도 잘살았다.
부모님은 서울 곳곳에 빌딩과 부동산을 소유하셨다.
많은 부를 가졌지만 대단히 성실하고 근검절약하시며
우리에게 '교육이 최고'라고 늘 강조하셨다.
아버지는 안동 초·중·고와 대학을 나와
경상도 사람 특유의 보수적인 성향이 강한 분이었다.
한때는 지방의 한 고등학교의 선생님을 하셨고,
태백에서 광업소도 운영하셨으며 여러 사업도 경영하셨다.
나는 태백과 서울을 자주 오가며 공부를 했다.
내가 태어난 곳은 태백에 있는 예수원과 멀지 않은 곳이었다.

고향 마을에 예수 공동체인 예수원이 있다는 것은 참 감사한
일이다. 한국의 태백 산골에서 평생을 주님께 헌신하신 대천
덕 신부님의 귀한 사역이 아들인 벤 토레이 신부님을 통해 계
승되고 있는 것이 정말 감사하다. 북한과의 통일 사역을 위
해 수고하고 애쓰시는 모습을 전해 들으면서도 바쁘다는 핑
계로 함께하지 못하는 미안함이 늘 있다. 그러나 하나님께서
때가 되면 그 분들의 간절한 기도에 반드시 응답해주시리라
고 믿는다.

나는 서울에서 학교를 다녔는데 중고등학교는
기독교 재단의 미션 스쿨이었다.

그런데 내가 다닌 고등학교는 일류대학 진학률에만
목표를 두고 사춘기 학생들의 민감한 정서는
전혀 고려하지 않는 시스템으로 운영되고 있었다.
그래서 학교의 교육 정책에 많은 회의를 느꼈다.
나는 점점 지쳐갔고 공부에 흥미를 잃었다.
내 자신이 인간이 아닌 기계처럼 느껴졌고
그들이 말하는 하나님도 좋게 보이지 않았다.
선생님들의 모습도 마찬가지였다.
하지만 내게 참 따뜻하게 대해주신 분들도 계셨다.
그러던 중에 고등학교 2학년 때
옆집에 사는 동생을 길에서 만나
기분 좋게 이야기하고 헤어졌는데,
　무슨 이야기를 했는지 지금은 잘 생각나지 않는다.
어느 날 엄마로부터 그 아이가 수영장에서
익사했다는 소식을 들었다.
나는 큰 충격을 받았다. 그리고 생각했다.
'삶이란 도대체 무엇이지? 죽은 아이는 어떻게 된 걸까?
며칠 전에 만났는데 왜 이런 일이 생겼지?'
그리고 태어나서 처음으로 벽제 화장터를 찾아갔다.
한 남자 고등학생이 죽었는지 교복을 입은 그의 친구들이
불 속에 던져진 관을 보며 슬피 울고 있었다.
그 모습이 마음에 깊이 박혀 그때부터 공부를 내려놓고

'인생은 무엇인가'라는 질문을 스스로에게 던지며
철학책을 뒤적이기 시작했다.
인생을 고통과 비애로만 가득 찬 것으로 보는
염세주의(Pessimism) 철학자들인
쇼펜하우어, 키르케고르, 하이데거, 야스퍼스, 사르트르 등의
책을 읽으며 뜻도 모르는 그들의 이야기에 심취했다.

3

어느새 시간이 흘러 고3이 되었고
주변의 친구들은 열심히 공부했지만
나는 공부보다는 어려운 철학책들만 뒤적거렸다.
'어차피 화려한 삶을 살아도 결국 죽음을 맞을 건데….'
그래서 죽음에 대해 좀 더 연구하고 싶었다.
인생은 허무한 것이라는 생각이 들었다.
'군이 대학에는 왜 가려고 할까?'
청소년의 사고 범주를 넘어서는 엉뚱한 생각들이
나를 대학 입시에서 점점 멀어지게 했다.
부모님은 성적이 많이 떨어졌다며 걱정하셨다.
결국 나는 삼수까지 하게 되었고
인생의 고통과 죽음에 대해 더 깊이 다룰 수 있는
불교에 관심을 가지게 되어
그쪽 종단의 대학에 가기로 결정했다.

그곳에서 불교 포교와 경전 공부에 재미를 느끼게 되었고,
대학 1학년 때 만난 남편과 아름다운 연애도 했다.
대학을 졸업하고 결혼을 했지만
아이를 가질 생각도 하지 않고 계속 공부에 심취했다.
결혼을 하니 많은 사람들이 내게 말했다.
"넌 전생에 많은 복을 쌓아서 좋은 남편을 만난 것 같다."
사람들은 내가 가진 것들에 대해 많은 찬사를 보냈다.
좋은 부모를 만난 것과 외모 또한
'전생에 복을 많이 쌓아서'라고 했다.
나의 외적인 모든 조건과 환경들이
세상 사람들로부터 칭찬을 듣게 했다.
　　그러나 그것이 나를 교만하게 만드는 말들이었음을 주님을
　　만나고 나서야 깨닫게 되었다.
어쨌든 나는 불교 공부를 계속했다.
공부를 하면 할수록 빠져들었고,
마음을 닦고 출가를 하고 싶을 만큼
경전에는 좋은 말들이 많았다.
친구들과 열심히 불교 경전을 공부하며
세상과는 구별된 삶을 살았다.
그런데 재미있는 일들이 벌어지기 시작했다.
결혼한 지 5년이 되는 동안 아이가 없자
부모님은 노산을 하게 되면 힘이 드니

아기를 빨리 가지라고 하셨다.

나도 슬슬 걱정이 되었다.

그동안 공부에 심취해 임신할 생각을 하지 않았다.

그리고 언제부터인가 내게 임신에 대한 두려움이 생겼다.

죽음에 대한 공포도 있었다.

대학교 4학년, 친하게 지내던 수정이가

유학을 떠나기 하루 전날이었다.

대학로에서 친구들을 만났다.

그곳에 점을 보는 사람들이 앉아 있었다.

친구가 한 역술인 앞에 앉아

자신의 앞날에 대해 물었다.

그런데 그 역술인이 친구에게 악담을 했다.

"역마살이 끼어서 온 데를 돌아다녀야 하며,

일찍 이혼할지도 모른다."

미래에 대해 좋은 말을 해주는 게 아니라

계속 부정적인 말만 해서 나는 속으로 화가 났다.

'내 친구를 잘 알지도 못하면서 이런 악담을 하다니….'

그 친구는 고등학교 시절 내내 전교 1등을

단 한 번도 놓친 적이 없고,

전국 모의고사에서 전체 수석을 할 만큼 뛰어났다.

　또 지금까지 이혼하지 않고 잘 살고 있다.

나는 그가 나에 대해서는 뭐라고 하는지 들어보기로 했다.

당시 하나님을 믿지 않았던 친정엄마가

점을 보고 온 이야기를 종종 들려주곤 했는데

제법 듣기 좋은 말들만 해준 것으로 기억하고 있다.

"사주가 아주 좋다."

"앞으로 큰 인물이 된다."

"좋은 팔자를 타고나 전 세계를 돌아다닌다."

나는 이런 긍정적인 이야기를 어릴 때부터 많이 들었다.

비록 점쟁이들의 말이었지만 무조건 잘된다는 그들의 말에

엄마와 나는 앞날에 대한 기대를 갖고 있었다.

그래서 친구에게 악담을 하는 점쟁이가

나에 대해서는 뭐라고 말할지 무척 궁금했다.

만약 나에 대해서도 나쁘게 말한다면

그는 가짜임에 틀림없다고 생각했다.

그런데 내가 앞에 앉자마자 그가 고개를 다른 쪽으로 돌렸다.

'왜 나를 보고 고개를 돌리지?'

그러고는 먼 데만 쳐다볼 뿐 아무 말이 없었다.

내가 그에게 물었다.

"저는 어떻게 되나요?"

그가 내 얼굴을 다시 한 번 쳐다보더니

또 다른 쪽으로 고개를 돌리며 말했다.

"당신은 서른세 살에 죽어요."

"네? 제가 서른세 살에 죽는다고요?"

난생 처음 듣는 말이었다.

"네, 서른세 살에 죽습니다. 그 이후의 삶이 없어요."

"왜요? 제가 왜 죽는다는 거지요?"

"그것은…."

그는 한동안 말을 하지 않았다.

아직도 그의 얼굴 표정과 말이 또렷이 기억난다.

"제가 왜 서른세 살에 죽는다는 거죠?"

그 역술인이 뭔가 망설이는 것이 느껴졌다.

나는 너무도 궁금하고 알고 싶었다.

'이 사람이 정말 뭔가를 볼 줄 아는 사람일까?

왜 내가 서른세 살에 죽는다는 거지?'

그가 잠시 후 겨우 입을 떼며 내게 말했다.

"당신의 운명은 서른세 살까지이고,

그때 어떤 큰 신을 만나기 때문에 죽어요."

"제 운명이 서른세 살까지라고요? 어떤 큰 신을 만나요?

그 큰 신은 누구를 말하는 거예요?"

그는 대답 대신에 한숨을 깊이 쉬며 하늘을 쳐다보았다.

나도 같이 하늘을 쳐다보았다.

'하늘에 계신… 하나님?'

문득 그런 생각이 스쳐 지나갔다.

그러나 나는 이내 무시했다.

그때 당시 나는 불교 신자여서

하나님을 만날 거라고는 전혀 생각지도 않았다.

나는 그의 점(占)이 완전히 틀렸다고,

내가 마흔도 되기 전에 일찍 죽는다는 건

어떤 점쟁이들에게도 들어보지 못한 말이라며

친구를 안심시키고 나서 기분이 몹시 상해 집으로 돌아왔다.

그런데 그날 저녁에 더 황당한 일이 일어났다.

TV를 보고 있는데 '연예가중계'라는 프로그램에서

'연극배우와 결혼하는 역술인'이라며

낮에 만났던 그 남자 역술인을 소개했다.

그 소식이 연예계 특종으로 소개되고 있었다.

나는 큰 충격을 받았다.

그의 말을 의식적으로 부정하고 있었는데

TV에까지 나오는 그를 보면서

내가 서른세 살에 정말 죽을지도 모른다는 두려움이 몰려왔다.

며칠 뒤에 당시 유명한 한 여성 월간지에도

그들의 이야기가 소개된 것을 보고

그의 말이 머릿속에 더 강하게 입력되었다.

걱정스런 마음에 친정엄마에게 점을 본 얘기를 했다.

엄마는 펄쩍 뛰며 말씀하셨다.

"그런 엉터리 점쟁이의 말을 믿지 말고,

너는 앞으로 잘될 거니까 마음을 편히 가져라."

지금 나는 40대이니 그 역술인의 말은 틀린 것으로 입증되었다.
그가 말한 큰 신, 살아 계신 '하나님'을 만나
죽지 않고 멀쩡하게 살아 있지 않은가!

그러나 한편으로는 나는 죽고 오직 내 안에 예수 그리스도
가 산다면 서른세 살에 내가 죽었다는 그의 말도 영적으로
해석하면 틀린 건 아니라는 생각이 들었다.

마가복음 3장 11절에 "더러운 귀신들도 어느 때든지 예수를
보면 그 앞에 엎드려 부르짖어 이르되 당신은 하나님의 아들
이니이다"라고 되어 있다. 야고보서에도 '귀신들도 하나님은
한 분이신 줄을 믿고 떠느니라'라고 기록되어 있다(약 2:19).
귀신들이 예수님의 영적 정체성을 알아보았듯이 오늘날도 하
나님께 속하지 아니한 자들이 하나님 자녀의 영적 정체성을
알아보는 건 아닐까 생각했다.

나는 그 역술인을 만나고 나서
여러 해를 별 탈 없이 잘 보냈다.
대학원생이 되어서 불교 경전을 더 열심히 공부하며
교육학 쪽의 전공 공부를 하고 있었다.
그러나 그의 말이 마음속에 남아 늘 두려움이 있었다.
'서른세 살에 정말 죽을지도 모른다.
과연 내가 아이를 낳을 수 있을까?'
서른한 살에 첫 임신이 되었지만

임신한 줄 모르고 항생제를 먹었다.

당시 집에만 오면 빨갛게 잘 익은 사과를 먹곤 했는데

사과의 산성 성분이 나랑 맞지 않았는지

심한 장염을 일으켜 항생제를 먹었다.

　지금도 사과를 먹으면 탈이 나서 잘 먹지 않는다.

첫 임신에 실패하자 불공을 드리기 위해 한 사찰을 찾아갔다.

소위 '기도발'이 세기로 유명한 여승들이 운영하는 곳이었다.

그곳에서는 내게 조상들의 천도제를 지내야 한다고 했다.

하지만 제사와 불공을 드려도 몸이 더 안 좋아지고

끔찍한 고통만 더해져서 결국 그곳에서 나오게 되었다.

잠도 오지 않아서 며칠을 고통 가운데 있다가 생각했다.

'내가 좀 더 바른 신앙을 가져야겠다.

진리가 분명히 있을 텐데,

제대로 된 진리를 깨닫기 위해 더 열심히 공부해보자.'

그래서 불교 경전 공부도 더 하고

새벽 세 시부터 예불을 드리고, 백팔배(百八拜)도 했다.

　책을 쓰면서 오랫동안 잊었던 기억을 떠올려보니 참 무지했
　던 나 자신을 돌아보게 된다.

'다음 임신에는 절대 실패하지 말아야지.'

나는 열심히 염불을 하고,

자고 있는 남편까지 깨워 절에 가서 불공을 드리곤 했다.

평일에는 불교 경전과 대학원 공부를 하고
일요일에는 어린이법회 선생님으로 경전을 가르쳤다.
그리고 학교 인쇄소에서 경전을 인쇄해
전국의 사찰에 보내기도 했다.
그것을 불교식으로 '선업(善業)을 쌓는다'고 생각했다.
그리고 다음 임신에 실패하지 않으리라 생각하고
경전에 나와 있는 대로 열심히 염불을 했다.
'열심히 염불을 하면 원하는 생명을 얻을 수 있다!'
경전에 나온 말을 믿고 자나 깨나 염불하며 불공을 드렸다.
그러고 보면 나는 종교심이 꽤 있는 사람인 것 같다.
그 열심이 보통 사람과는 좀 달랐다.
정말 간절히 불공을 드렸고, 다시 임신을 하게 되었다.
두 번째 임신을 할 때는 아주 건강한 상태였다.
'이번엔 확실해. 절대로 실패하지 않아!'
임신이 되고 꿈을 꾸었는데 불상이 나타난 걸 보고 생각했다.
'부처님이 내게 아기를 주시는가 보다.'
나는 신이 나서 더욱 열심히 불공을 드렸다.

오산리기도원의 개인 기도굴

2장

십자가에 못 박힌 예수 그리스도

I

나는 매일 염불을 외우며 불공을 드렸고,
경전을 공부하며 불교식 태교를 했다.
임신 초기에 산부인과 병원에 다녀왔는데
그날을 지금도 잊을 수 없다.
아기의 심장 박동 소리가 얼마나 건강하게 들리는지
병원에 다녀오고 나서 기분이 참 좋았다.
편안한 마음으로 집에 돌아와 낮잠을 청했다.
꿈을 꾸었는데 실제 일처럼 느껴져서
태몽이라는 생각이 들었다.
일반 꿈과는 확연히 다른 꿈이었다.
꿈속에서 나는 아주 넓은 포도원을 걸어가고 있었다.
수만 평의 땅에 포도나무가 심겨 있었다.
그런데 이상한 것은 포도가 모두 영글어 따면 될 텐데
아무도 따지 않아 포도송이들이 그대로

땅바닥에 떨어져 다 썩어가고 있었다.

'어? 왜 포도들이 땅에 떨어져 있지?'

꿈속에서도 나는 그 이유가 매우 궁금해서

누군가에게 물어보고 싶었다.

그래서 포도원을 두리번거리고 있는데

저쪽에서 무릎까지 오는 장화를 신은

한 젊은 농부가 걸어오고 있어서 그에게 물었다.

"왜 포도를 따지 않는 거예요?"

그가 대답했다.

"일부러 따지 않고 떨어질 때까지 기다리는 겁니다."

"왜요?"

"다음번을 위해 훌륭한 밑거름이 되라고요.

더 훌륭한 열매를 맺기 위해서 기다리는 것입니다."

'떨어질 때까지 기다린다?'

나는 이 말을 꿈속에서 되뇌며 일어났다.

의식이 돌아오면서도 꿈이 선명하게 느껴졌다.

'태몽 같은데… 떨어질 때까지 기다린다는 건 뭐지?

혹시 유산될 때까지 기다린다는 건가?

조금 전에 병원에서 아기의 심장 소리를 들었는데

설마 이 짧은 시간 동안에 잘못된 건 아니겠지?'

나는 마음을 안정시켜보려고 노력했지만

가슴이 두근거려서 도저히 집에 있을 수가 없었다.

'유산은 말도 안 돼! 부처님 꿈까지 꿨는데 그럴 리가 없어.
그런데 그 농부는 대체 누굴까? 참 온유해 보였는데….'
꿈속의 젊은 농부가 무엇을 의미하는지 궁금했다.

지금 같으면 "나는 참포도나무요 내 아버지는 농부라 무릇
내게 붙어 있어 열매를 맺지 아니하는 가지는 아버지께서 그
것을 제거해버리시고 무릇 열매를 맺는 가지는 더 열매를 맺
게 하려 하여 그것을 깨끗하게 하시느니라 … 나는 포도나
무요 너희는 가지라 그가 내 안에, 내가 그 안에 거하면 사람
이 열매를 많이 맺나니 나를 떠나서는 너희가 아무것도 할 수
없음이라"라는 요한복음 15장 1,2,5절 말씀을 묵상하며 그
농부가 하나님 혹은 예수 그리스도를 상징한다고 생각했을
텐데 그때는 단지 좋은 인상의 온유한 농부로만 이해했다.
또다시 유산에 대한 두려움이 몰려오기 시작했다.
'안 되겠다. 다시 병원에 가보자.'
오전에 다녀왔던 산부인과에 다시 갔다.
간호사가 나를 의아하게 쳐다보며 물었다.
"좀 전에 오셨는데 왜 또 오셨어요?"
"제가 불안해서 검사를 다시 한 번 받아보려고요."
"지금 환자가 많이 밀려 있어서 좀 기다리셔야 해요."
"네, 괜찮습니다."
한 시간 정도 기다리며 나는 불안한 마음을 감출 수가 없었다.
드디어 내 순서가 되어서 진료실에 들어갔다.

의사가 미소를 지으며 말했다.

"뭐가 그리 불안해서 또 오셨어요?"

그리고 검사를 위해 초음파 기계를 내 배에 가져다 댔다.

그런데 갑자기 '피융~' 소리와 함께

기계 작동이 멈추고, 진료실의 불이 꺼졌다.

의사가 당황하며 말했다.

"이상하다? 병원에 정전이 되는 일은 거의 없는데…."

알고 보니 빌딩 전체가 정전이 된 것이었다.

의사는 당장은 검사가 어려우니 다음에 오라고 했다.

나는 불안한 마음이 들었다.

'왜 하필 내가 검사를 받으려고 할 때 정전이 되었을까?'

나는 택시를 타고 당시 강남에서 제일 유명하다는

산부인과 전문병원으로 달려갔다.

빨리 병원에 가서 아기의 상태를 확인하고 싶었다.

남편에게도 전화를 걸어 와달라고 했다.

혼자서는 의사의 말을 들을 수가 없을 것 같았다.

첫 임신의 실패로 내가 얼마나 힘겨운 시간을 보냈는지

잘 아는 남편이 날 진정시키려고 단숨에 달려왔다.

드디어 내 순서가 되어 진료실로 들어갔다.

의사가 초음파 기계로 진찰을 하더니 말했다.

"보호자 분이 같이 오셨나요?"

"네."

"그러면 들어오라고 하십시오."
아이가 어떤 상태인지 내게 직접 말하지 않고
보호자를 찾는 모습에 불길한 생각이 들었다.
남편이 들어오자 의사가 초음파 기계의
모니터를 가리키며 말했다.
"자, 여기 보세요. 이거 보이시죠?
쌍둥이 임신이었는데 안타깝게도 계류유산이 됐어요.
지금 바로 수술하셔야 합니다."
순간 나도 모르게 "안 돼!" 하고 소리를 질렀다.
'내가 어떻게 해서 얻은 아기인데….
눈물로 백일기도를 하며 지성과 정성을 들였는데
이번에도 잘못되었다니 말도 안 돼.
난 이제 더 이상 아기를 가질 수 없을 거야.
나처럼 아이 때문에 고통을 겪는 사람이 또 있을까?'
유산되었다는 의사의 말에 깊은 슬픔이 몰려왔다.
진료실에서 나와 통곡을 하는데 남편이 말했다.
"세상에는 자녀를 다 키우고서 잃는 이들도 있어.
그들의 아픔을 생각해 봐.
앞으로 아이는 또 가지면 돼."
"아니, 난 더 이상 아이를 가질 수 없을 것 같아.
두 번의 유산으로 큰 두려움이 생겼어."
"아니야, 너는 다시 아이를 가질 수 있어."

"이제 난 못해!"

남편과 이야기를 나누다 시간이 되어 수술을 받았다.

수술을 마치고 나서 눈을 떠 보니

내게는 얇은 초록색 반팔 가운이 입혀져 있었고,

침대 바닥 여기저기에 피가 보였다.

그 순간 온몸이 덜덜 떨리면서

누군가 이불을 덮어줬으면 좋겠다는 생각이 들었다.

"저… 추워요… 정말 추워요…."

어렵게 입을 열어 소리를 냈다.

그때 수술실 문이 열리더니 한 간호사가 들어왔다.

그런데 내가 누워 있는 것을 보지 못한 것인지

옆의 두 침대를 내가 누워 있는 침대 쪽으로 밀고는

수술실 문을 닫고 나가버렸다.

그러자 간호사가 민 두 대의 침대가

내가 누운 침대를 '쾅' 하고 들이받았다.

그때 어찌나 놀라고 머리가 아팠는지

소리도 지르지 못할 지경이었다.

'반드시 저 간호사를 가만두지 않을 거야.'

간호사 얼굴을 보려 했으나 마취에서 깨어난 지

얼마 되지 않아서인지 얼굴이 뿌옇게 보였다.

'아이를 잃은 산모를 이렇게 함부로 대하다니….'

나는 정말 속상하고 힘이 들었다.

집으로 돌아와서도 유산과 수술을 받은 일과
간호사가 침대를 밀쳐 머리에 큰 충격을 받았던 일들이
끔찍한 후유증이 되어 나를 괴롭혔다.
생명을 갖는다는 것이 내게는 공포와도 같았다.
그런데 진짜 문제는 그다음부터 생겼다.
'임신'과 '생명'이라는 단어만 생각해도
온몸이 긴장이 되고 불면 증상이 나타났다.
대학입시에 실패하고 재수해서 다시 도전하던 날,
심하게 긴장한 나머지 전날 밤을 꼬박 샜다.
그 하루 외에는 불면이라는 것을 모르고 살았는데
유산으로 인한 두려움과 불안이
끔찍한 불면증을 가져왔다.
부정적인 생각들이 꼬리에 꼬리를 물며 나를 괴롭혔다.
'내가 임신을 하지 못한다면
사랑하는 남편과 행복한 결혼생활을 유지할 수 있을까?
아이 없이 산다면 어떻게 되는 거지?
시어머니는 나를 보고 뭐라고 하실까?
영영 아기를 못 낳으면 어떡하지?'
이런 생각들이 나를 괴롭히며 임신에 대한 불안을 가중시켰다.

2

그렇게 고통스러운 시간을 보내던 어느 날,
대학원을 함께 다니며 친하게 지냈던
찬이와 은경이가 나를 찾아왔다.
"우경 언니, 힘들지?
언니가 힘든 것을 논문으로 한번 써 봐.
논문을 쓰면서 마음을 달래고 힘내야지."
그들의 위로를 받고 진심으로 고마움을 느꼈다.
그리고 '불교 경전에 나타난 생명 존중 사상과 태교'라는
제목으로 논문을 쓰기 시작했다.
'도대체 생명은 어디에서 왔다가 어디로 가는 걸까?'
'불교 경전에 생명은 무엇이라고 쓰여 있는가?'
논문을 쓰며 높은 영적 깨달음과 꿰뚫는 혜안으로
써놓은 듯한 경전들이 신기해 보였고,
부처의 깊은 통찰이 마음에 들었다.

나는 다시 마음을 추슬렀다.

논문을 쓰는 동안 내가 존경하던
불교대학의 한 교수님이 내 마음의 안정을 위해
인도산 작은 불상을 주셨다.

또한 논문에 필요한 자료들을 마음껏 읽어보라고
연구실까지 내어주시며 따뜻한 위로와 격려를 해주셨다.

지금도 그 교수님과 두 친구에게 감사의 마음을 갖고 있다.
인간적으로 보면 정말 고마운 사람들이다. 비록 영적으로 다
른 길을 가고 있지만 그들의 진심 어린 사랑을 잊지 못한다.

나는 교수님의 배려와 친구들의 도움으로
논문을 잘 마치고 통과 도장을 받게 되었다.

그런데 그날 낮에 유튜브에 올려진 간증에서도
얘기하지 않았던 한 사건이 있었다.

논문이 통과되었다는 도장을 받고 집에 온 날,
기분 좋게 밀린 설거지를 하며 노래를 불렀다.

그런데 목소리가 아주 높게 올라갔다.

'어떻게 이런 아름다운 목소리가 나오지?
나는 노래를 잘 못하는데 어떻게 이렇게 잘 부르지?'

그리고 그날 밤 잠들기 전에 책상에 앉아서
인생에 관한 글을 쓰는데 통찰력이 담긴 글이
일필휘지(一筆揮之)로 쓰였다.

'십 년 동안 경전으로 공부를 많이 했더니

부처님이 인생의 깊이를 깨닫도록 혜안(慧眼)을 열어주셨나?'
그리고 나서 학위 논문이 통과된 것을
남편에게 축하받고 기분 좋게 잠이 들었다.

당시 은평구 갈현동의 한 사찰 앞에 있는 아파트에 살고 있
었다. 첫 번째 유산 후 더 열심히 불공을 드리고 진리를 찾는
데 집중하고 싶어서 이사를 갔다. 아파트 창문을 열면 사찰
마당에 있는 불상이 보이고, 목탁 소리와 새벽 예불 소리도
들을 수 있었다.

그날 밤에 이상한 일이 또 일어났다.
새벽 세 시쯤 잠을 자다가
내 입에서 알 수 없는 말이 나와 놀라서 잠에서 깼다.
남편도 놀라서 일어났다.
한 시간 동안 유창하지만 뜻 모를 말들이
아름다운 목소리와 함께 내 입에서 흘러나왔다.
내가 남편에게 물었다.
"이게 도대체 무슨 말이지?"
남편 역시 놀라서 내게 되물었다.
"우경아, 이게 무슨 말이니?"
"불교 공부를 많이 해서 이런 일이 일어난 건가?
그런데 다른 스님들한테 이런 증상은 들은 적이 없는데….
인도어나 산스크리트어가 이런 말인가?
처음 들어보는 말인데…."

"글쎄, 참 신기한 일이네."

남편도 놀라워했다.

다음 날도 깊이 잠들었는데

또 새벽 세 시에 깨어 알 수 없는 말을 하는 게 아닌가!

'도대체 이게 무슨 말이지?

왜 내 입에서 이런 뜻도 모르는 말이 자꾸 나오지?

정말 아름답고 유창한 말인데 이상하네.'

그리고 그 다음 날 새벽 세 시에 똑같은 일이 일어났다.

내가 한 시간 동안 유창하게 말을 하자

남편이 걱정스러운 얼굴로 말했다.

"네가 그동안 공부에 심취해서 그런가 보다.

친정에 가서 잠시 쉬는 게 좋겠어.

그리고 이제 공부 좀 그만해."

다음 날 짐을 싸서 남편과 친정으로 향했다.

남편의 전화를 받고 부모님은 내가 오기만을 기다리고 계셨다.

초인종을 누르자 개들이 짖어댔고

잠시 후에 아버지와 엄마가 대문 밖으로 나오셨다.

"우경아, 어서 들어가자."

친정아버지가 말씀하시며 내게로 다가왔다.

그런데 아버지를 보자마자 전혀 생각지도 않은 말이

내 입에서 나오기 시작했다.

꼭 무언가에 홀린 듯 내 말을 내가 제어할 수 없었다.

"당신은 내 아버지가 아닙니다.

하늘에 계신 아버지가 내 아버지입니다."

내가 평소와 다르게 갑자기 존댓말을 쓰며

진지하게 말하자 아버지가 깜짝 놀라 물었다.

"내가 네 아버지가 아니면 누구란 말이냐?"

"당신은 단지 나를 낳아준 육신의 아비일 뿐입니다."

"뭐라고? 얘가 무슨 이런 말을 하나….

그럼 내가 가짜 아빠라는 말이냐?"

"당신은 날 낳아준 육신의 아버지이고,

하늘에 계신 하나님 아버지가 진짜 아버지입니다."

"네가 공부를 많이 하더니 머리가 이상해졌구나!"

아버지와 엄마가 탄식하며 말했다.

지금도 부모님이 눈물 맺힌 눈으로 서로를 물끄러미 바라보
시던 모습이 생생하게 기억난다.

"우경아, 얼른 집으로 들어가자."

아버지가 내 팔을 끌어당겼다.

그러나 나는 저항하며 말했다.

"나는 이 집에 들어갈 수 없습니다.

나를 내 아버지가 계신 곳으로 데려다주십시오."

"네 아버지가 계신 곳… 거기가 어딘데?

네 아버지가 하늘에 계신 하나님 아버지라며?"

"그렇습니다."

"네가 하늘로 간단 말이냐? 그럼 죽는단 말이냐?"

"아닙니다. 내 아버지가 계신 곳은 교회이니,
그곳으로 나를 데려다주십시오."

"뭐? 교회로 데려다달라고?"

친정아버지는 기가 막혀 하셨다.

엊그제까지만 해도 불교 포교를 하고

경전으로 논문을 쓰던 딸이

교회에 데려다달라고 하니 그럴 수밖에 없었다.

나는 도저히 집 안으로 들어갈 수가 없었다.

아니, 들어가기가 싫었다.

남편 옆에 서 있던 엄마가 걱정스러운 얼굴로 내게 다가왔다.

그러나 나는 육신의 엄마를 쳐다보기도 싫었다.

'내 진짜 아버지, 하나님을 모르는 자'라는 생각과

'내 아버지가 미워하는 다른 우상을 섬긴 것'에 대한

불편함이 매우 심하게 느껴졌다.

그래서 도저히 다른 때처럼 "엄마~!" 하며

안고 볼을 비비는 다정한 행동을 할 수가 없었다.

나는 손으로 엄마를 밀쳐냈다.

엄마도 그제야 내가 이상하다는 것을 깨닫고

눈물을 흘리기 시작했다.

남편이 내게 다가와 말했다.

"우경아, 이제 그만 들어가자."

몇 번의 실랑이를 벌인 끝에 마당 안으로 들어갔다.

당시 친정은 마당이 넓어 집 안으로 들어가려면

많은 돌계단을 지나야만 했다.

한 발짝을 뗄 때마다 아버지와 실랑이를 했다.

"나를 교회로 보내주세요!"

"얘가 왜 이런 소리를 하나? 그만 정신 차리래이!"

나는 돌계단 하나에 발을 옮겨놓으면서 또 말했다.

"날 교회로 보내주세요!"

부모님은 더욱 나를 재촉했다.

"우경아, 빨리 집으로 들어가자!"

"전 못 들어가요. 집에 들어가기가 정말 싫어요!"

그렇게 계속 씨름하며 겨우 거실에 들어갔다.

남편과 부모님은 거실에 앉아 걱정이 가득한 얼굴로

나에 대해 얘기하기 시작했다.

3

혼자 1층에 있는 안방으로 들어가
나도 모르게 바닥에 털썩 주저앉았다.
그리고 고개를 들었는데 당시 안방에 걸려 있던
달력이 눈에 들어왔다.
뚜렷한 형체가 없는 노란색의 추상화가 그려져 있었다.
달력을 빤히 쳐다보는데 이상한 것이 보였다.
십자가에 못 박힌 예수 그리스도가
고통스럽게 십자가에 매달려
눈물을 흘리고 있는 게 아닌가!
나는 좀 더 가까이 보려고 눈을 크게 뜨고
예수 그리스도의 십자가와 그의 눈을 보았다.
고통스러워 피눈물을 흘리는 것처럼 보였다.
나는 믿을 수 없는 광경에 눈을 한 번 감았다 떴다.
'어? 이상하다, 저건 그냥 추상화 달력일 뿐인데

왜 내 눈에 이상한 게 보이지?'

여러 번 눈을 감았다 떠도 십자가에 못 박힌 예수 그리스도가

피눈물을 흘리고 있는 모습이 지워지지 않았다.

나는 무릎을 꿇었다.

그런데 더 충격적인 말이 내 입에서 나오기 시작했다.

"주님! 당신이 지신 십자가가 힘들어 보입니다.

이제 저도 그 십자가를 함께 지겠습니다."

그 고백을 하자마자 이전까지 단 한 번도 생각해보지 못한

이상한 것들이 깨달아지기 시작했다.

'나는 원래 하나님의 딸이었으나

그동안 사탄의 꾐에 빠져 다른 곳에 있었다.'

누가 알려주지도 않았는데 이것이 깨달아지는 게 아닌가!

마치 뱀이 하와를 유혹해서 아버지가 먹지 말라던

과실을 먹었던 것처럼 그동안 그럴듯한 말에 속아

다른 쪽에 있었던 내 모습을 보게 되었다.

'사탄이 말로 하와를 속였는데

이번에도 내가 그에게 말로 속았었구나!'

그러면서 오직 생명이 되는 '진짜 말'은

여호와 하나님께 있음이 깨달아지기 시작했다.

'그래, 내가 살려면 하나님 아버지의 말씀을 들어야 해.

나를 지으신 아버지의 말씀에 생명이 있어.

그 말씀을 들으려면 어떻게 해야 하나?

교회로 가야 해! 이 집에 도저히 있을 수 없어.'
당시 친정에는 온통 부적이 붙어 있었는데
그것들이 내 눈에 뱀처럼 보였다.
도저히 볼 수가 없어서 부모님께는 죄송했지만
안방에 붙어 있던 부적들을 떼어 찢어버렸다.
그리고 엄마가 절에 다니면서 가져온
달마 그림과 불교 탱화들을 보이지 않게 돌려놓았다.
'여기서 빨리 탈출해야 해. 교회로 가야 내가 살아!'
그런 생각이 나를 사로잡았다.
잠시 후 안방 문이 열리고 가족들 모두가
걱정 어린 눈빛으로 내게 괜찮은지를 물었다.
"나를 빨리 교회로 보내줘!"
그렇게 소리치며 그들의 눈을 피해
안방 건너편에 있는 피아노가 있는 방으로 갔다.
그런데 그 방에 들어가자마자 친정 앞에 있던
교회의 빨간 십자가의 불빛이
방안으로 비춰 들어오는 게 아닌가!
나는 무릎을 꿇고 기도하기 시작했다.
'하나님 아버지, 제가 아버지의 딸인데도
당신을 모르고 살아왔습니다. 용서해주세요.'
혼자서 회개기도를 하고 있었다.
그러면서 궁금증이 생겼다.

'얼마 전에 돌아가신 큰스님은 어떻게 된 거지?
워낙 덕이 높은 분이셨으니 좋은 곳에 가셨을 텐데….
그가 남긴 것은 무엇이지?'
순간 내 안에서 '손가락으로 방을 긁어 보라'라는
큰 음성이 들렸다.
나는 검지로 방바닥을 긁었다.
그랬더니 마음속에서 또 음성이 들렸다.
'눈에 뭐가 보이느냐?'
그래서 나도 모르게 "먼지요"라고 대답했다.
'네가 크다고 생각하는 사람도
한낱 이 티끌처럼 작은 피조물에 속하니라.'
이런 말이 내 안에서 울려 나왔다.
'이건 또 무슨 현상이지?
내 안에서 울리는 이 음성은 뭘까?
크다고 생각하는 사람도 이 먼지와 같다고?
피조물이라면 모든 사람들이 예외 없이
하나님에 의해서 만들어졌다는 얘기네.'
그런데 내게 일어나는 일이 정말 신기하고
낯선 체험의 연속이었지만 마음은 이상하게 편안했다.
그것을 어떻게 다 설명하랴, 하나님의 은혜인 것을….
지금도 내게 일어나는 모든 과정이 불가사의하다.
나처럼 의심 많고 객관적인 사실 정보가 뒷받침이 되어

충분히 이해가 되어야만 받아들이는 이성적인 사람이
도저히 설명이 안 되는 부분들을
무조건 받아들였다는 것이 이해되지 않는다.
그러나 당시 누가 내게 와서 전도하지 않았는데도
내가 하나님의 자녀이고, 하나님 아버지가 내 아버지이시며
그분의 아들이 예수 그리스도이시라는 사실이 믿어졌다.
그날부터 나는 방에서 혼자 찬양을 계속 불렀다.
알 수 없는 아름다운 노래가 내 입에서 흘러나왔다.
'교회에 다닌 적도 없는데 어떻게 이런 것들이 나오지?'
그런데 생각해보니 대여섯 살 때 2년 동안
태백의 한 성당에서 운영하는 유치원에 다녔었다.
그때 수녀님과 신부님으로부터 귀여움을 받으며
성당에서 두 손을 모으고 기도했던 것이 생각났다.
그들이 입었던 하얀 가운도 생각이 났다.
또 초등학교 3학년 때 친구의 초대로
교회 여름성경학교에 갔던 기억도 났다.
재미있고 좋아서 계속 다니고 싶었지만
엄마한테 들켜서 크게 혼이 났다.
당시 여름성경학교가 3박 4일로 진행되었는데
엄마에게 교회에 갔다는 사실을 속였다가
결국 매까지 맞았다.
엄마는 교회에 다니는 사람들은

말과 행동이 다른 사람들이 많다며
교회에 다니면 안 된다고 신신당부를 하며 말했다.
"우리 가족은 부처님이 돌보고 계신다.
너는 앞으로 반드시 큰 인물이 될 거야.
그러니 이다음에 절에 가야 한다."
그래서 나는 생각했다.
'아, 나는 교회에 다니면 안 되는구나.
엄마처럼 절에 가야 하는구나.'
그렇지만 어릴 적 교회에서의 좋았던 기억들이
내 영혼에 깊이 남아 있었다.
그것을 기억해낸 것이 정말 신기했다.
나는 당시 크리스마스 때 불렀던
〈기쁘다 구주 오셨네〉 찬송을 계속 불렀다.
그렇게 시간이 흘렀다.
한의사인 남편은 병원을 후배에게 맡기고
친정에서 나와 함께 지냈다.
남편은 내 말과 행동을 조심스럽게 지켜보았고,
아직 영으로 거듭나지 못한 친정 식구들은
나를 걱정하며 내 신변을 지켰다.

4

그러던 어느 날, 나는 친정에서 탈출을 시도했다.

더운 여름이었는데, 가족들이 거실에 있는 틈을 타서

안방 창문을 넘은 것이다.

맨발로 마당을 지나 대문을 열고 집 앞의 교회로 향했다.

교회로 가야만 숨통이 트이고 살 것 같았다.

대문이 열리는 소리에 개들이 마구 짖어댔다.

뒤를 돌아보니 "우경아!" 하고 나를 부르며

남편이 쫓아오고 있었다.

뒤돌아서 그를 보며 생각했다.

'당신은 정말 착한 사람이야… 여보, 미안해.'

그리고 바로 집 앞의 교회로 뛰어들어갔다.

나는 문을 열자마자 쓰러졌다.

맨발에 반팔 옷과 반바지 차림으로.

교회의 1층 교역자실에 한 부목사님이 계셨는데,
그 분이 가져다주신 물을 마시고 나서야
나는 정신을 차릴 수 있었다.
목사님이 나를 다른 방으로 안내한 후에 물었다.
"자매님, 여기 어떻게 오셨어요?"
"내 아버지 집에서 기도하려고 왔어요."
그리고 목사님과의 대화가 시작되었다.
무슨 말을 했는지 지금은 잘 기억나지 않는다.
하지만 또렷하게 내 의식에 남아 있는 것이 있다.
한참 이야기를 하다 목사님의 눈이 휘둥그래져서 물었다.
"자매님, 어떻게 이렇게 성경을 잘 아세요?
성경을 꿰뚫고 계시네요.
지금 계속 성경 말씀을 얘기하고 있는 거 알아요?"
나도 내 입에서 나오는 말이 무슨 뜻인지
온전히 이해할 수 없었지만
대단히 좋은 말들이 나오고 있다는 건 알 수 있었다.
그런데 그 목소리가 논문에 도장을 받고 집에 온
밤에 이상한 말이 나올 때 같았다.
입에서 좋은 말들이 나오니 스스로도 신기했지만
왜 내게 이런 일들이 일어나는지 궁금했다.
그때 내가 했던 말 중에 다른 말들은
거의 기억이 나지 않는데

지금도 분명히 생각나는 말이 있다.

"항상 기뻐하라, 쉬지 말고 기도하라, 범사에 감사하라."

목사님은 내게 식사를 했느냐고 물었다.

내가 먹지 않았다고 하자

교회의 한 자매에게 나와 식사하라고 하셨다.

그 자매가 방으로 들어왔다.

그런데 내가 그녀를 보며 말했다.

"누가 내 친형제요 자매이뇨?

예수 그리스도 안에 있는 이가 내 친형제요 친자매니라.

정말로 하늘에 계신 내 아버지의 뜻대로 하는 자가

내 형제요 자매입니다."

　그 말씀이 마태복음 12장 50절에 있는 것을 나중에 알았다.

그 자매에게 왜 그런 말을 했는지는 모르겠지만

당시는 나도 모르게 입에서 나왔다.

그런데 처음 보는 자매인데도 친자매와 같이

안심이 되고 친밀하게 느껴졌다.

그녀와 식사를 마치고 담소를 나누는데

밖에서 웅성거리는 소리가 들렸다.

가족들이 나를 찾으러 온 것이었다.

그들이 처음으로 교회 안으로 들어왔다.

나는 다시 친정으로 가야 했지만

내 아버지가 계시는 교회를 떠나기가 싫었다.
가족들의 품에 안기기 전에 이상한 증상이 일어났다.
마치 갓난아기가 처음 태변을 누는 것 같은
영적인 느낌이 내 몸에서 일어났다.
나는 새 옷으로 갈아입어야 했기에
엄마에게 옷을 좀 가져다달라고 했다.
엄마는 집에 가서 내 옷을 챙겨 다시 교회로 오셨다.
나는 교회에서 새 옷으로 깨끗이 갈아입고
신발을 신고 친정으로 돌아갔다.
마치 이 세상에 새로 태어난 것처럼 느껴졌다.
당시 내 얼굴과 표정도 어린아이처럼
순수하고 해맑았다고 남편이 말했다.

가족들은 얼마 전까지 염불하며
불교 경전으로 논문까지 쓰던 내가
한순간에 변해서 하나님 아버지께 기도해야 한다며
맨발로 교회로 도망간 것에 큰 충격을 받은 듯했다.
부모님과 남편의 걱정이 끊이지 않았다.
그렇게 시간이 또 흘러갔다.
가족들의 경계는 더욱 강화되었지만
나는 점점 내 정체성을 확실히 깨달아가면서
밤낮으로 하나님께 기도를 했다.

'아, 내가 하나님의 자녀였구나!
내가 그분의 딸이었구나, 내가 그걸 몰랐었구나!'
지나온 시간들이 하나님 안에서 다시 새롭게 보였다.
하나님 아버지가 내 삶의 주인이신 것을 깨달을수록
나는 더 열심히 기도했다.
그때는 성경도 없었고, 말씀이나 기도에 대해
아는 것이 하나도 없었지만 기도할 때
'하나님 아버지'라고 시작하여 '예수님의 이름'으로 마쳤다.
지금 생각하면 그 또한 성령의 역사로 여겨진다.
어떻게 내가 기도를 마칠 때 예수님의 이름으로
마친다는 것을 알았겠는가!
미션 스쿨과 성당에 잠시 다녔지만
그때는 내 의지와는 상관없이 타의에 의해 다녀서
신앙에 조금도 관심이 없었다.
나는 명동성당에서 결혼식을 올렸다.
시어머니의 권유로 남편과 함께 세례를 받고
남편은 '세라피노', 나는 '세라피나'라는
세례명까지 받고 결혼을 했다.
결혼 후 잠시 성당을 다니기는 했지만 몸이 아팠고,
'그쪽에 가면 안 된다'라는 생각 때문에 가지 않았다.
이후 유산으로 큰 슬픔을 겪으면서
"어머니, 저는 절에 가야 해요. 불교를 믿어야 해요"라고 시어머니를 설득했다.

당시 시어머니를 설득한 후에 절에 가서 열심히 불공을 드리던 내가 하나님 아버지가 계신 교회로 기도하기 위해 스스로 도망간 것은 지금 생각해도 도저히 이해되지 않는 하나님의 강권적인 역사였다.

태백 예수원 전경(예수원 제공)

3장

성령님의 도우심

I

내가 찾아간 교회의 부목사님에게
이전에 알지도 못하던 성경 말씀을 말한 것도 신기했지만
교회에서 만난 자매에게
마태복음 12장 50절 말씀을 인용하며
예수 그리스도 안에서 진짜 친자매를 만났다는 기쁨이
내 안에 가득 일어난 것도 정말 놀라웠다.
더군다나 교회에 들어가 완전히 새 옷으로 갈아입고
하나님 아버지께 간절히 기도하며
집으로 돌아올 때 느꼈던 그 기쁨은 잊을 수가 없다.
마치 내가 영적으로 갓난아이가 되어서
하나님의 자녀로 새롭게 태어난 것 같았다.
그야말로 완전히 딴 사람이 된 듯한 느낌이 들어
기분이 정말 좋았다.
진짜 아버지의 집에 다녀왔다는 생각에

마음이 평안해졌다.

그러나 그런 기쁨도 잠시였다.

집으로 돌아온 후에 가족들의 경계는 더욱 심해졌다.

내 돌발 행동에 그들은 큰 충격을 받았고,

또 어떤 일이 생길지 몰라서 몹시 불안해했다.

한여름인데도 내가 도망가지 못하도록

이중 창문을 꼭꼭 닫아놓았다.

가족들은 나에 대해 점점 더 걱정을 했고,

모두 불안한 하루하루를 보냈다.

내가 "하나님은 내 아버지이시고 나는 하나님의 딸이야"라는

말을 반복하니 정신이 이상해졌다고 생각했다.

그러나 별다른 방법이 없었다.

당시 친정 식구들 중에 교회에 다니는 사람이

아무도 없었기에 어떻게 해야 할지 몰랐다.

내가 하나님을 자꾸 이야기한다고 해서

엄마가 아는 점쟁이를 찾아갈 수도 없는 노릇이었다.

그때까지도 나는 엄마가 내게 가까이 오는 것을 거부했다.

왠지 영적으로 싫은 느낌이 들었는데

그것을 어떻게 표현할 길이 없었다.

　엄마에게는 정말 미안했다. 지금은 훌륭한 하나님의 자녀로,
　하나님의 딸로 거듭난 엄마이지만 당시에는 그랬다.

몹시 더운 어느 날, 집안일을 돌봐주고 있던 동생이
차가운 물 한 컵을 가지고 내 방으로 왔다.
나는 물을 마시며 생각했다.
'이 더운 여름에 왜 창문을 이중, 삼중으로 닫아놓고 있을까!'
속으로 답답하고 화가 났다.
물을 마시고 나서 나도 모르게
"아이, 더워!" 하면서 컵을 쟁반에 내려놓았는데
순간 세게 내려놓았는지 컵이 바로 옆에 있던
유리창에 '탁' 하고 부딪쳤다.
무거운 주석 컵이 유리창에 닿자마자
창 전체가 '와장창' 하고 깨졌다.
그러면서 사람들이 자살을 시도할 때 날카로운 것으로
손목을 긋는 것처럼 유리 파편이 내 손목을 크게 그었다.
갑자기 손목에서 붉은 피가 뿜어져 나왔다.
거실에 계시던 아버지가
황급히 와이셔츠 소매를 찢어 내 손목을 감았다.
가족들이 구급차를 불렀는데
집에 도착하기까지 시간이 꽤 오래 걸렸다.
아버지는 급한 마음에 집 앞의 방범 초소 앞에 있던
경찰차를 부르셨고, 나는 급히 그 차를 타고
신촌 세브란스병원의 응급실로 갔다.
차 안에서 나는 계속 헛소리를 해댔다.

아버지는 눈물을 흘리면서 말했다.

"우경아, 네가 왜 이렇게 되었니?

네가 아버지 마음도 모르고 이 지경이 되도록…."

아버지는 말을 잇지 못하셨다.

　아버지께 나는 항상 자랑이자 보람이었다. 나에 대해 어릴 적부터 기대가 컸고, 잘 키웠다고 생각하셨다. 그런 딸이 어느 날 갑자기 이상한 말을 하니 아버지의 억장이 무너지는 것 같았다고 했다.

병원에 도착하자마자 곧바로 응급실로 실려 갔다.

손목 수술을 하는데 하나도 아프지 않았다.

　살이 세 갈래로 찢어졌고, 지금도 흉터가 크게 남아 있다.

나는 손목의 상처를 꿰매고 침대에 누워

링거를 꽂은 채로 복도 끝 침대에 누워 있었다.

그런데 잠시 후에 한 의사가 내게 와서 물었다.

"서우경 씨, 보호자 분은 어디 계세요?"

그런데 그 의사의 눈을 보자마자

나도 모르게 침대에서 벌떡 일어났다.

그 병원의 레지던트쯤으로 보이는

젊은 의사였는데 눈빛이 정말 무서웠고,

명령조의 말투가 위압적으로 느껴졌다.

그의 눈을 보는 순간, 전에는 단 한 번도

경험해보지 못한 영적인 눈이 뜨인 것 같았다.

그때는 영적인 것이 무엇인지 몰랐기에

무서운 생각에 침대에서 벌떡 일어났다.

"아, 무서워…, 정말 무서워!"

내가 침대에서 벌떡 일어나 서서 벽 쪽으로 고개를 돌리고

링거를 꽂은 채로 계속 무섭다고 하자 의사가 놀라서 말했다.

"서우경 씨, 왜 그러세요? 내려와서 앉으세요!"

그러나 나는 무서워서 앉을 수가 없었다.

"이 환자 보호자 분… 어디 계세요?"

의사가 가족들을 찾기 시작했다.

내가 링거를 꽂은 채로 침대 위에 서 있자

응급실에 있는 사람들이 나를 쳐다보는 것이 느껴졌다.

　의사가 가족들을 부르는 소리가 들렸지만 가족들이 응급실
　안에 없었던 것 같다.

사람들이 나를 쳐다봤고,

나는 서서 고개를 절레절레 젓고 있었다.

그런데 이게 웬일인가?

응급실 안에 있는 사람들의 눈을 보니

어떤 사람은 아주 편안한 마음으로,

또 어떤 사람은 무서운 독사의 눈으로

나를 쳐다보는 것처럼 보였다.

눈이 잘 생기고 못 생기고의 차원이 아니라

그들의 육과 영의 모습이 내 눈에 보였던 것이다.

죽음을 앞둔 사람들이 임종할 때 천사 등 영적인 존재들을 본다는 얘기를 들은 적은 있었지만 의심 많은 내가 사람들의 눈을 보고 그런 느낌을 받은 것은 매우 낯설고 이상했다. 이 글을 쓰면서도 이런 체험을 어디까지 말해야 하는지 정말 곤혹스럽다. 그날 단 하루의 일회적인 체험이어서 다행이지 이후에도 그런 증상들이 계속 나타났다면 아마 나는 정상적인 생활을 하기가 힘들었을 것이다.

'사람은 모두 두 종류인가? 하나님의 자녀와 마귀의 자식?

이건 무슨 현상일까? 내가 왜 이런 것을 느끼는 것일까?'

내가 이상한 것을 본다는 것을 자각하니 정말 두려웠다.

'이게 뭐지? 내 눈에 무엇이 보이는 거지?

아, 이 사람은 하나님의 자녀구나,

저 사람은 하나님의 자녀가 아니구나.

육의 모습은 다 사람인데 영의 모습은 다르구나.'

이전에 이런 체험에 대해 들은 적도 없고, 이것이 신학적으로 어떤 근거가 있는지 그때는 알 수 없었다. 그냥 사람들이 그렇게 보였고, 느껴졌을 뿐이다. 이것에 대해 신학적인 논란이 없기를 바란다. 그저 개인적인 체험이기 때문이다.

잠시 후 가족들이 나를 부르며 들어왔다.

그들의 목소리를 들으니 안심이 되었지만

다가오는 발소리를 들으며 내심 걱정이 되었다.

'가족들이 사악한 뱀의 눈을 하고 나타나면 어떡하지?
그들의 영적인 모습이 보이면 어떡하지?'
걱정이 되고 무서우면서도 가장 가까이에 있는 남편이 궁금했다.
그는 따뜻한 성품을 가진 사람으로
대학교 1학년 때 첫 소개팅으로 만났다.
내가 아프자 모든 것을 뒤로하고 나를 위해 헌신했다.
남편이 내 이름을 불렀다.
"우경아! 괜찮아, 내려와서 앉아, 겁내지 말고."
남편의 따뜻한 음성을 들었지만
그의 얼굴을 볼 용기가 나지 않았다.
'남편의 얼굴이 사악한 뱀의 눈을 가진
마귀처럼 보이면 어떡하지?'
나는 두려움으로 고개를 들 수가 없었다.
남편이 나를 안심시키며 말했다.
"우경아, 괜찮아, 앉아."
"나… 무서워, 정말 무서워."
나는 고개를 돌렸다.
잠시 후에 나는 용기를 내어 그의 눈을 흘깃 쳐다보았다.
다행히 그는 따뜻한 천사의 눈을 갖고 있었다.
'휴~ 다행이다. 남편은 하나님의 자녀야.'
그 다음에는 동생들을 한 명씩 쳐다보았다.
셋째 동생 연정이에게 눈길이 갔다.

'연정이는 어떨까? 하나님의 자녀일까?
얘는 교회에 안 다니는데 어떡하지?
동생들 모두 하나님을 모르는데
뱀의 눈으로 나를 쳐다보면 그 눈을 어떻게 볼까?'
나는 용기를 내서 동생들의 눈을 쳐다보았다.
다행히 하나님의 자녀의 눈을 가지고 있었다.
동생들은 모두 하나님의 자녀였다.
'아, 그렇구나! 하나님의 자녀는
이미 태어날 때부터 예정되어 있구나.
지금은 예수님을 모르지만 이제부터 교회에 가면 되는 거야.
사람들 중에 누가 하나님의 자녀인지 아닌지 모르니까
계속 전도를 해야 하는구나.
하나님의 자녀를 한 사람도 놓치면 안 되니까
끝까지 하나님께 돌아오라고 해야 하는 거구나.'
이런 생각이 마음속 깊이 깨달아지자
놀랍게도 내 눈이 다시 정상으로 돌아왔다.
하나님께서 내게 영적인 깨달음을 주시기 위해
잠시 영적인 눈을 허락하셨던 것이라 생각된다.
가족들이 모두 하나님의 자녀라는 사실을
깨닫고 나니 안심이 되었다.

잠시 후에 나는 응급실에서 병실로 옮겨졌다.

그리고 태어나서 처음으로 신경정신과 검진을 받았다.

의사들과 면담하며 나는 잠시 병원에 입원해 있었다.

그곳에서 정신적인 문제가 있는 사람들을 만났다.

그런데 그들에게는 공통점이 있었다.

영혼이 맑고 착한 사람들이라는 인상을 받았다.

또 신앙을 가진 사람들이 많았다.

상상 임신을 한 사람, 이혼 후에 충격을 받아서

자살 시도를 했던 사람, 열등감에 힘들어하는 사람,

분노 조절이 안 되는 사람도 있었다.

나는 잠시 그들의 말동무가 되어 아픔을 들어주고,

함께 나누는 시간을 가졌다.

그러나 나는 그곳에 오래 있을 수가 없었다.

정신과 의사가 내게 정신적으로 아무 이상이 없기에

병원에 더 있을 필요가 없다고 했다.

짧은 시간이었지만 나는 많은 것을 배웠다.

정신병에 대해 사람들이 갖고 있는 편견과

선입견에 대해서도 새롭게 생각할 수 있었다.

정신적인 문제가 있는 환자들은

마음을 다쳐 상처받은 연약한 사람들이기에

진심으로 받아들이고 위로해주어야 한다고 생각했다.

정말 악한 사람들은 양심이 마비되어 멀쩡하게 사는데

영혼이 착하고 순수한 사람들은 악을 감당치 못해

정신적인 고통을 겪고 있는지 모른다고 생각했다.
착한 사람이 악을 도모하는 악인을
대적하는 것이 쉽지 않기 때문이다.

2

퇴원해서 다시 친정으로 돌아왔다.
멀쩡한 내 집을 놔두고 친정에 머물면서
부모님께 걱정을 끼쳐드리고 있다고 생각하니
미안한 마음과 동시에 두려움이 몰려왔다.
내 인생에 처음으로 겪는 끝을 알 수 없는 이상한 일들이
연속해서 일어나는 것에 대한 엄청난 공포가
내 안에 들어오기 시작했다.
그렇게 며칠을 잠 못 이루며 지내던 어느 날,
남편이 시누이인 박경란 권사님에게 기도를 부탁했다.
미국 마이애미에 살던 박 권사님은
날 위해 중보기도팀을 만들어 집중적인 기도를 했다.
또한 한국에 있는 한 개척 교회의 목사님을 소개해주어
그 교회의 여름 캠프에 가게 되었다.
나는 불면증으로 매우 힘든 상황이었지만 참석했다.

그곳에서도 여전히 잠을 못 자고 고통 속에 있었다.

목사님과 사모님과 성도들은 그런 나를 친절하게 대해주었다.

그러나 그곳에서 또 한 번 엄청난 충격을 받았다.

그들이 기도를 해준다며 나를 눕혀놓고 때리며 소리쳤다.

"사탄아, 나가라, 나가!"

나는 그들의 말을 이해할 수가 없어서 물었다.

"무엇에게 나가라고 하는 거예요?"

그러자 그들이 내게 더 큰 소리를 질렀다.

당시 나는 몸이 몹시 말라 있어서

그들이 손으로 때리는 것이 정말 아프고 힘들었다.

그래서 "안 나가!"라고 소리를 질렀다.

'나를 위해 기도해준다면서 왜 이렇게 함부로 대하지?

인격적으로 대화를 해야지 왜 때리며 하는 걸까?'

그때는 매우 혼란스러웠고, 이해가 되지 않았다.

나중에 기독교인이 되어서 남을 위해 기도할 때 영적인 분별
이 얼마나 중요한지 알 수 있었다. 치유 사역을 할 때 치유자
나 중보자는 먼저 영적으로 귀신 들린 상태인가 아닌가를 잘
분별해야 한다. 또한 영적 상태를 진단할 때도 환자들의 마
음을 사랑으로 잘 보살피는 배려가 선행되어야 한다고 생각
한다. 무조건 상태가 안 좋아 보인다고 귀신이 들렸다고 판
단하여 이상하게 취급한다면 많은 사람들이 시험에 들거나
오히려 역효과가 날 수 있다.

그러나 당시 그들이 나를 기도로 고쳐주고자 했던
순수하고 고마운 마음은 잊지 않고 있다.
그들 또한 당시는 그 방법이 최선이었을 것이다.
어쨌든 나는 그날 이후 한동안 공포에 떨었다.
'나는 멀쩡한데 사람들이 왜 그렇게 했지?'
아마 그들은 내가 다른 종교에 있다가 왔기에
내가 겪는 고통을 영적인 전쟁으로 보고 그랬을 것이다.

그렇게 나는 서른한 살을 보내고 있었다.
그러나 그때 이후에도 여전히 잠을 자지 못했다.
십자가에 못 박힌 예수 그리스도가 가시면류관을 쓰고
온몸에 채찍을 맞고 십자가에 매달려 있는 형상이
내 머릿속에서 24시간 동안 떠나지 않았기 때문이다.
다른 생각을 하고 싶어도 그 모습만 생각났다.
그러면서 불면증이 시작되었다.
고통스러워서 미칠 것만 같았다.
임신과 생명에 대한 두려움도 나를 짓눌렀다.
여러 날 동안 불면의 상태가 지속되어
이 병원, 저 병원을 다녀봤지만 전혀 효과가 없었다.
제대로 걸을 수 없을 정도로 몸은 비쩍 말라갔다.
병원에서 수면제를 먹여놓고 뇌파 검사를 할 때
의사들이 "이 환자 분이 이제 잠들었네"라고 말하면

나는 눈을 뜨고 "저, 안 자요"라고 했다.

의사들도 내 상태를 확인하고는 이상하다고 했다.

몸은 자는데 의식은 깨어 있는 각성 상태가 계속되었다.

매일 그렇게 피 말리는 시간을 보냈다.

잠을 자고 싶어도 잠이 오지 않는 고통은

정말 경험해본 사람만 이해할 것이다.

단 일 분도 자지 못하고

몇 달째 계속되는 불면의 고통을 겪으면서도

계속 한 가지 생각에 사로잡혀 있는 나 자신을 발견했다.

십자가에 못 박힌 예수 그리스도,

그분의 피눈물과 십자가의 고통을 생각하며 깨달았다.

'예수님이 이렇게 아프게 십자가에 매달려 돌아가셨구나.

나는 그것도 모르고 그분을 대적하는 삶을 살았구나!'

주님을 모르고 행했던 과거의 일들이 생각나서

너무도 부끄러워 한탄을 했다.

또한 십자가에 매달려 있는 듯한 육체적 고통을 경험하며

다양한 육체적 질병의 증상과 고통이 내게 나타났다.

어느 날은 말을 못하는 언어 장애인이 되고,

또 어느 날은 간질 환자처럼 발작 증상을 체험하고,

온몸이 마비되는 지체 장애인처럼 행동하기도 했다.

또 어떤 경우에는 의식은 있는데

모두 내가 잠들었다고 하는 식물인간 상태 등

각색 병의 육체적인 증상들을 경험하며
나는 환자들의 고통이 어떠한지를 알 수 있었다.
그때마다 정말 아프고 힘들어서
'계속 이렇게 살 수 있을까'를 생각했다.

육체적인 고통이 계속되던 어느 날,
내 병을 고칠 수 있는 한 사람에게
도움을 청해야겠다고 생각했다.
나와 함께 교수의 꿈을 품고
학부 때 같이 공부했던 주헌이라는 후배를 찾았다.
그러면 내 문제를 해결해줄 수 있을 것 같았다.
　지금은 신실한 목사님이 되었지만 당시는 철학을 전공하며
　열심히 공부하던 후배였다.
그는 중국 북경대로 유학을 갈 준비를 하고 있었다.
그러던 차에 건강하던 어머니가 갑자기 쓰러지셔서
서울 적십자병원에 입원했다는 소식을 들었다.
어머니가 수개월 간 식물인간으로 입원해 있던 어느 날,
담당 의사가 더 이상 가망이 없으니
장례 준비를 하라고 권유했다고 한다.
그 이야기를 듣고 주헌이는 태어나서 처음으로
병원 원목실로 올라가 간절히 기도했다고 한다.
'하나님이 살아 계시면 엄마를 제발 살려주세요!'

그때 하나님께서 그에게 이렇게 말씀하셨다고 한다.

'사랑하는 아들아, 엄마의 병을 고쳐주면 나를 믿겠니?'

그가 '네'라고 대답하자 또 말씀하셨다.

'내가 네 어미의 병을 고쳐주겠다.

그러려면 네가 날 위해 세 가지 명령을 따라야 한다.

첫 번째는 지금 사귀는 애인과 헤어지고

내가 정하는 사람을 만나라.

두 번째는 3년 동안 날 위해 봉사 사역을 하라.

세 번째는 내 마지막 일이 있으니 그것을 감당하라.

네 어미가 모월 모일에 일어나 너와 더불어

식사를 반씩 나누어 먹으리라.'

그는 하나님의 음성을 듣고 기뻐서 병실로 돌아왔다.

그리고 엄마 옆에서 병간호를 하고 있는 아버지에게

"아버지, 엄마가 살아난다고 합니다"라고 말했다.

그러자 그의 아버지가 물었다.

"아들아, 누가 그런 소리를 하더냐?

의사 선생님들이 그런 가망이 있다고 하느냐?"

"아니요, 하나님이 그렇게 말씀하셨어요."

그의 아버지는 유교를 전공한 철학과 교수로서

아들이 뜬금없이 하나님을 얘기하자 걱정스런 눈으로

"너마저 왜 그러냐"라고 하셨다고 한다.

그의 말을 아무도 믿지 않고 귀 기울이지 않았지만

그는 그때부터 열심히 병원 복도 청소를 하기 시작했다.
휘파람을 불며 대걸레로 바닥을 청소하고 다니자
환자들과 병원 관계자들이 말했다.
"저 청년이 머리가 약간 이상해졌나 봐.
어머니가 돌아가신다고 하니 충격을 받은 모양이네."
그런 사람들의 시선에도 아랑곳하지 않고
열심히 청소를 하던 어느 날이었다.
　하나님이 말씀하신 바로 그날이었다.
그가 어머니의 옆에 앉아 졸고 있는데 뇌 수술을 받고
식물인간으로 누워 있던 어머니가 갑자기 눈을 뜨고
"아, 배고파" 하면서 일어나셨다.
그가 놀라서 "엄마 배고파?"라고 묻는데
마침 복도에서 "식사 나왔습니다" 하는 소리가 들렸다고 한다.
그래서 그는 식판을 가지고 와서 어머니의 입에
죽을 반쯤 넣어주고 반은 자기가 먹었다.
그리고 숟가락을 내려놓자마자
하나님의 말씀이 정확하게 맞았다는 것을 알게 되었다.
'모월 모일에 네 어미와 식사를 반씩 나누어 먹으리라.'
그는 하나님께서 하신 말씀을 지켜야겠다고 생각하고,
그날로 집에서 나와 3년 동안 노숙자들을 섬기는 곳,
중풍병자들이 있는 곳을 찾아다니며 봉사 사역을 했다.
그는 하나님과 약속한 사역을 마치던 날,

하나님이 세 번째 말씀하신 '내 일을 하라'가
무엇인지 궁금했다.
바로 그때 내 몸이 아프기 시작했고,
그에게 도움을 청하려고 그의 아버지에게 연락을 했다.
그랬더니 아들이 집에 자주 전화하지 않아서
언제 전화가 올지 모르니 연락이 오면 알려주겠노라고 하셨다.
나는 전화를 끊고 기도했다.
'만약 주헌이에게서 일주일 안에 전화가 온다면
이제부터 하나님을 정말 열심히 믿도록 하겠습니다.'
그렇게 기도한 바로 다음 날,
그가 짐을 싸들고 우리 집으로 왔다.
그래서 나는 친정에서 잠시 집으로 오게 되었다.

그는 군복에 커다란 밀짚모자를 쓰고
허름한 가방을 들고 와서 내게 말했다.
"바로 어제 하나님과 약속한 3년의 사역이 끝나
집에 전화를 했더니 아버지가 우경 누님한테
전화가 왔었다고 해서 기도를 했어요.
그랬더니 하나님께서 제가 마지막 해야 할 일이
누나를 돕는 일이라고 하셨어요."
나는 깜짝 놀랐다.
'이것이 과연 가능한 일일까?'

그날부터 그는 우리 집에서 숙식을 함께하며
나를 위해 기도하기 시작했다.
그는 내 공부방에서 금식기도를 하며
때로는 알 수 없는 말로 기도를 했다.
그의 기도를 들으며 내가 석사 논문을 쓰고 온 밤에
내 입에서 나온 말이 '방언'이라는 것을 처음 알게 되었다.
나는 그때까지 다른 기독교인들을 만나 보기는 했지만
그들이 말하는 방언이라는 것을 들어보지 못했다.
믿는 자들은 인식하지 못할 수도 있지만
믿지 않는 자들에게는 매우 중요한 하나의 표적이 될 수 있었다.
그래서 나는 기도하기 시작했다.
'하나님, 제가 하나님의 자녀라면
고린도전서에 나오는 방언을 하게 해주세요!'
논문이 통과된 후 3일 동안 나왔던 방언이
그날 이후로는 나오지 않았기 때문이다.
아무리 방언이 나오기를 기다려도 나오지 않았다.
그는 우리 집에서 함께 머물며 기도하고
남편과 나를 데리고 기도원도 다니고
수요예배, 금요철야예배, 주일예배에도 갔다.
그러면서 그가 말했다.
"뜨거운 성령의 임재가 있는 곳에 역사하는 힘이 커요.
누나는 인간적인 방법이 아니라

오직 성령의 도우심으로 살아나야 해요."
그렇게 주헌이와 온갖 예배를 참석하고 기도했지만
내게는 별 변화가 없었다.
여전히 잠을 잘 수가 없어서
지인의 소개로 한 신경과 의사를 만났다.
친절하고 믿음이 좋으신 분이었다.
그때까지도 나는 신경안정제를 먹어야
겨우 한두 시간 정도 잠을 잘 수 있었다.
잠을 자지 못할 만큼 근육통이 얼마나 끔찍했는지….
날마다 십자가에 매달려 있는 것 같은
고통을 견디면서 힘겨운 시간을 보내고 있었다.
믿음이 좋으셨던 의사 선생님은
내게 말씀으로 바로 선 교회에 가야 한다며
당시 옥한흠 목사님이 시무하시던
강남에 있는 사랑의교회를 추천해주셨다.
그곳에서 나는 성도로서의 첫 삶을 시작했다.
큰 교회라 나같이 아픈 사람에게까지 관심을 가질까 생각했는데
내 생각과는 달리 따뜻한 사랑을 많이 베풀어주었다.
몸이 아파서 교회에 가서 예배를 드리지 못하면
하나님께서 월요일부터 금요일까지 돌아가면서
담당구역 목사님, 호스피스 목사님과 집사님,
다락방 순장님 등 하나님의 사람들을 보내주셨다.

지금 생각하면 그 또한 기적이고, 하나님의 은혜였다.
몸이 아파서 죽을 것 같은 상황에서도 힘이 났던 것은
지금은 고인이 되신 옥한흠 목사님께서
연약하고 아무런 희망이 없던 나를 위해
자주 기도를 해주신 덕분이었다.
이름도 없고 연약한 한 영혼을 귀히 여기는
목자의 심정을 깊이 느낄 수 있었음에 정말 감사했다.

또한 3년 동안 교회 사역자 분들이 나를 위해서 진심 어린 눈물로 기도와 상담을 해주셨다. 지면으로나마 다시 한 번 감사의 인사를 드린다.

3

아프기 시작하고 일 년 동안 육체적 고통이 있을 때마다
하나님께서는 주의 종들을 친정으로 보내주셨고,
정신적인 고통을 겪고 나서 영적인 고통을 겪을 때는
겨우 몸을 움직여 교회에 다닐 수 있었다.
가끔 부축을 받고 교회에 가는 날은
그래도 몸이 많이 좋아진 날이었다.
하지만 그런 날이 오기 전까지
나는 엄청난 영적 전쟁을 치러야 했다.
주헌이는 날 위해 날마다 기도를 하고
셋째 동생 연정이는 항상 날 보살폈다.
친정에 있을 때는 친정 식구들의 보살핌을 받았고,
집에 와 있을 때는 연정이와 주헌이와 남편이
내게 매달려 있었다.
어떻게 그런 사랑을 받을 수 있었는지 정말 놀랍다.

하나님께서 내가 그들의 도움을 받을 수 있도록
모든 여건을 마련해주셨다.

그러던 어느 날, 내 몸이 불덩이처럼 달아올랐다.
마치 온몸이 십자가에 매달려서
화형을 당하는 듯한 고통이었다.
뜨거워서 숨을 쉴 수가 없었다.
나는 안방으로 엉금엉금 기어들어갔다.
등과 옆구리에 채찍을 맞고 발에는 못이 박히는 듯한 고통에
도저히 누워 있을 수가 없었다.
목이 타서 물을 마시려고 나오는데 걸을 수가 없었다.
발에 못이 박힌 것 같은 통증이 느껴졌다.
끔찍한 고통 속에 겨우 기어서 방에서 나왔다.
'왜 이런 고통을 받아야 하는 걸까?
하나님은 살아 계시는데….
나는 그동안 그분을 모르고 살지 않았던가?
왜 계속 십자가의 예수 그리스도만 떠오르는가?'
아무리 생각해도 답을 찾지 못했다.
그때 학교에서 우수 논문상을 받게 되었으니
졸업식에 참석하라는 전화가 왔다.
'나는 지금까지 무슨 일을 한 것일까?'
두려움이 또 몰려왔다.

'내가 열심히 살았다고 하지만 헛살았구나.
분명히 하나님이 살아 계시는데
사탄의 하수인들만 키워냈구나.
아이들한테 그 죗값을 어떻게 다 보상하지?
하나님이 살아 계시는데 잘못된 것을 가르치다니…'
어린아이들에게 정말 미안했다.
불교의 교리가 마음을 닦는 데는 좋은 도구로 보이지만
그곳에 생명이 없음을 깨닫자 엄청난 죄책감이 몰려왔다.
내 몸은 점점 뜨거워져 말로 표현할 수가 없었다.
'그래, 오늘 남편이 한의원에 나갔는데
그가 없을 때 죽는 게 나을 거야.
죽고 싶어도 가족들이 지키고 있으니 죽을 수도 없어.
지옥이 아무리 뜨거운 불이 있는 곳이라 해도
이보다 더 뜨거운 불은 없을 거야.
내가 지금 십자가에 매달려 타서 죽고 있어.
왜 이런 고통을 겪어야 하는 걸까?'
침대에서 기어 나오며 나는 오만가지 생각을 했다.
내 몸 어디도 성한 곳이 없었다.
'예수님이 온몸을 이렇게 채찍으로 맞으셨구나.
머리부터 발끝까지 성한 곳이 하나도 없이
살가죽이 다 뜯겨져나가는 고통을 겪으셨구나.'
처절한 고통 속에 나는 안방에서 부엌으로 나왔다.

컵에 물을 담아 한 모금이라도 마셔보려 했지만
손에 힘이 없어 컵을 들지도 못했다.
숟가락으로라도 물을 마시고 싶었지만 마실 수가 없었다.
'그래, 지금 바로 죽자.'
다시 기어서 베란다 창문 앞까지 겨우 나갔다.
아파트 7층에서 아래를 보고 뛰어내리려니
문득 두려운 생각이 들었다.
'아니야, 이런 나쁜 마음을 먹으면 안 돼.
내가 왜 죽어? 절대 죽으면 안 돼.
이 마음은 주헌이 말대로 사탄이 주는 생각인지 몰라,
살아야지 내가 왜 죽어!'
마음을 고쳐먹고 다시 안방으로 가서 누웠다.
그러나 잠시도 누워 있을 수가 없었다.
화형을 당하는 듯한 고통으로 뜨거워서 코로 숨을 쉴 수가 없고,
눈으로도 계속 뜨거운 불이 들어와 견딜 수가 없었다.
'아, 이런 고통은 난생 처음이야.
그래 지금 죽자, 아무것도 생각하지 말자.
마지막으로 숨 한 번 쉬어보고 죽자.'
다시 베란다로 나갔다.
그리고 조심스럽게 창문과 방충망을 열었다.
"언니, 위험해! 거기 있으면 안 돼, 빨리 들어와!"
뒤에서 동생의 목소리가 들렸다.

동생은 TV를 보느라 내가 방충망까지 연 것을 몰랐다.
'착한 내 동생 연정아, 미안하다. 언니를 용서해줘.'
가족들의 얼굴이 하나하나 떠올랐다.
부모님도 잠깐씩 스쳐 지나갔다.
계속 내 옆에 있다가 그날 오랜만에 직장에 나간
남편에게 정말 미안했지만 어쩔 수가 없었다.
내가 더 있다가는 식구들 모두 나로 인해
아무것도 못하게 될 것 같았다.
그리고 내가 당하는 고통은 이미 인간의 한계로
참아낼 수 있는 지경을 넘어선 지 오래였다.
나는 방으로 들어와 다시 한 번 마음을 추스른 뒤에
사력을 다해 베란다 쪽으로 뛰었다.
마지막으로 숨을 길게 들이마시고
두 팔을 벌려 한순간에 아래로 뛰어내렸다.

시간이 얼마나 지났을까….
눈을 떠보니 주헌이가 눈물을 흘리고 서 있었다.
그때 그의 얼굴이 지금도 잊혀지지 않는다.
어떻게 그처럼 평안하며 환하고 밝은 모습으로
온유한 미소를 띠며 내게 말할 수 있었을까.
"누님, 지금부터 저를 따라 하세요."
나는 그의 말을 그대로 따라 했다.

"나는."

"나는."

"앞으로."

"앞으로."

"하나님의 영광을 위해서."

"하나님의 영광을 위해서."

"살겠습니다."

"살겠습니다."

그 장면과 따라 했던 말들만 또렷하게 기억이 나고

그 외의 것들은 전혀 생각나지 않는다.

　이때의 상황을 이 책의 추천글을 쓰면서 성주헌 목사가 들려주었다. "이제서야 말씀 드리지만, 그 극한 두려움의 현장에서 제가 그처럼 담대할 수 있었던 이유는 성령님께서 그때 '주님, 누님이 살았으면 하나님의 딸이요, 죽었으면 마귀의 자식일 것입니다. 제가 무엇을 더 하겠습니까'라는 고백을 하게 하셨기 때문입니다"라고 말했다.

나중에 그를 통해서 당시 상황을 들었다.

그가 화장실에 있을 때 연정이로부터

"우경 언니가 떨어졌어요!" 하는 비명을 들었다고 했다.

119에 신고를 하고 내가 떨어진 장소로 달려가보니

아파트 경계선을 넘어 산등성이에 떨어져 있었는데

놀랍게도 산과 아파트 경계에 있는 쇠창살에서
한 뼘도 안 되는 거리에 내가 떨어져 있었다고 했다.
만약 떨어질 때 그 쇠창살 위에 떨어졌다면
나는 그 자리에서 즉사했을지도 모른다.
그런데 이상한 것은 내가 옆으로 누워 자고 있는 것 같은
자세를 취하고 있었다고 했다.
그 모습이 마치 갓난아이가 옆으로 누워
새근새근 잠을 자는 것 같았다고 했다.
주헌이는 내가 크게 다쳐서 곳곳에
분명히 피가 낭자할 것이라고 생각했는데
피를 한 방울도 흘린 흔적이 없이
옆으로 반듯하게 누워 있어서 놀라웠다고 했다.
내가 떨어질 때 두 팔을 벌리고 떨어져서
몸의 자세가 흐트러져 있었어야 했는데
그렇지 않았다고 하니 참 이상했다.
주헌이가 말했다.
"누나가 떨어질 때 마치 천사들이
고이 받아놓은 것 같은 느낌이 들었어."

갈릴리 호수

4장

고통 때문에 받은 은혜 헤아려보기

I

나는 바로 구급차에 실려 병원으로 옮겨졌다.

병원에서 눈을 떴을 때 봤던 남편의 얼굴이 떠오른다.

내가 눈을 뜨자 그가 말했다.

"우경아, 살았어, 기적이래!"

나는 남편에게 물었다.

"…여기가 어디야?"

"응, 병원이야."

"내가 여기 왜 왔어?"

"… ."

남편은 말이 없었다.

나는 어떻게 된 영문인지 생각이 나지 않았다.

그러나 잠시 후 내가 아파트 7층에서 떨어졌다는 사실이

조금씩 깨달아지자 온몸에 통증이 몰려왔다.

남편의 안경 너머로 눈물이 흐르는 게 보였다.

"우경아, 네가 드디어 잠을 잤어. 수면제도 안 먹고.

이젠 괜찮아질 거야, 나아질 거야."

남편은 나를 진심으로 응원했다.

곧 나는 일반 병실로 옮겨졌다.

"나, 어떻게 된 거야?"

"아직 몰라, 결과가 나와 봐야 돼."

왼쪽 발의 통증이 너무나 컸다.

"나, 이제 못 걷지?"

"잘 몰라."

의사들이 와서 검사 결과를 말해주었다.

왼발 뒤꿈치와 목뼈에 금이 갔다고 했다.

목 신경 옆의 뼈가 부러졌으면 전신이 마비됐을 텐데

기적적으로 살짝 비껴간 곳에 약간 금이 갔다고 했다.

그리고 골반 옆에도 금이 갔다.

의사들도 기적이라고 했다.

뼈가 부러진 곳은 한 군데도 없었다.

그러나 왼발의 통증은 끔찍했다.

결국 왼쪽 무릎에 쇠핀을 박아 고정시켜야 했다.

그리고 당시 동생이 내 모든 신변 처리를 책임져야 했다.

얼마나 수치스러운지 육신이 버겁게 느껴졌다.

그런데 한 가지 신기한 일이 있었다.

7층에서 떨어진 이후 그토록 끔찍했던 십자가의 고통,

그 극심했던 통증이 사라졌다.

잠시였지만 정말 살 것 같았다.

나는 가족들에게 말했다.

"드디어 십자가의 고통이 사라졌어!

머리에 가시면류관을 쓴 것 같은,

온몸에 채찍을 맞는 것 같은 증상도 없어.

다 나았나 봐! 이제 발꿈치만 나으면 되는 거지?"

그러나 또 다른 고통이 시작되고 있음을

그때는 알지 못했다.

육체적 고통이 끝나자 정신적 고통에 시달리기 시작했다.

조울증, 우울증, 신경쇠약….

임상에서 말로만 듣던 증상들이 느껴졌다.

나는 그런 고통이 느껴질 때마다 생각했다.

'정신 질환을 앓는 환자들이 이런 고통을 느끼는구나!'

나는 했던 말을 자주 반복했고,

과거에 절에서 있었던 좋지 않은 기억들과

그곳에서 여승들이 조상제를 지내며 행했던 것들이

악몽처럼 자꾸 떠올랐다.

이성적인 생각은 멀쩡한데 그런 증상들을 느끼는

내 모습이 매우 낯설었다.

정신병을 앓는 환자들이 약을 먹어도 잘 낫지 않는 이유가

그들의 의지만으로는 안 되기 때문이라는 걸

몸소 경험으로 알게 되었다.

그렇게 2년의 시간이 지났다.

퇴원한 이후에는 친정과 집을 오가며 지냈다.

하나님께서는 교회 순장님을 통해

기도 조직을 만들어 그들과 함께 기도하게 하셨다.

다락방 순장님이었던 신기연 순장님과

남편인 박서옥 순장님은 정말 신실한 분들이었다.

3년 동안 같은 다락방의 식구들이 함께 모여

나의 완치를 위해 눈물로 기도해주었다.

처음에는 구역 식구들 대부분도

성령님에 대해 잘 알지 못했지만 기도하는 가운데

모두 주의 성령에 눈을 뜨게 되고

하나님을 더 깊이 알게 되었다.

신 순장님도 명문 여대를 나온 지성적인 분이었지만

나를 통해 역사하시는 하나님을 지켜보면서

성령 안에서 거듭나게 되어

지식적인 신앙인에서 체험적인 신앙인이 되었다.

순장님은 내 몸이 조금 나아지면 나를 사랑의교회의

전도사님에게 데리고 가서 상담과 기도를 받게 했다.

그렇게 하나님께서 이중, 삼중으로

믿음의 일꾼들을 내 곁에 붙여놓으셨다.

전도사님은 나를 데리고 눈물로 기도하셨고,

옥한흠 목사님도 만날 때마다
나를 위해 기도하고 계시다며 격려해주셨다.
담임목사님과 사모님은 정말 온유하고
내게 천사와 같은 분들이셨다.
아무리 대형 교회라 하더라도
목자가 잃어버린 한 영혼에 대한 사랑을 갖고 있다면
그 목자의 사랑을 기억하는 한 영혼은
반드시 하나님나라를 위해
크게 쓰임 받을 수 있다는 것을 분명히 깨달았다.

　지면을 통해서 연약한 자를 위해 기도해주셨던 옥한흠 목사
　님과 사모님께 다시 한 번 진심으로 감사를 드린다.

나는 정신적인 고통을 경험하며 서른두 살을 보내고 있었다.
그러는 동안 신기연 순장님과 박남규 목사님은
내게 잊을 수 없는 존재가 되셨다.
박 목사님은 호스피스 활동을 하며
암 환자들을 많이 만나고 그들의 임종을 많이 봐온 터라
'저승사자'라는 별명까지 붙여졌다.
목사님은 아픈 나를 위해 기도해주셨고
때로는 내 모습을 안타까워하시며
교회로 불러내어 기도를 해주시기도 했다.
그럴 때면 은혜충만한 모습으로 말씀하셨다.

"보라! 이전 것은 지나갔으니 새것이 되었도다!
그리스도 안에서 새로운 피조물이니 보라!"
나는 그 분의 기도를 받으며
말씀이 능력이 되는 것을 깨달았다.
그래서 지금도 교회가 그와 같이 한 영혼을
진정으로 사랑하는 목자의 심정으로
사랑을 실천하고 있는지 의문이 들 때가 있다.
잃어버린 한 사람, 연약한 한 사람을 위해서
보이지 않는 사랑을 실천하고 있는지 궁금하다.
세상 사람들에게 보여주는 사랑이 아니라
주님이 진정으로 원하는 한 영혼에 대한
간절한 사랑 말이다.
많은 목사님들이 가져야 할 목자 된 심정이 무엇인지를
나는 아픈 과정을 겪으며 깊이 깨닫게 되었다.
언제 죽을지 모르는 연약한 한 성도를 위해
대형 교회를 섬기는 담임목사님이
간절히 기도해주신다는 것만으로도 큰 힘을 얻었다.
그리고 시간이 지날수록 그것이 얼마나 귀한
주님의 사랑이었는지를 깨닫게 되었다.

2

많은 사람들이 기도했지만 내 병은 낫질 않았다.
그때 사랑의교회에서 한 분이 더 투입되었다.
호스피스 사역과 순장 사역을 하던
이 집사님이 일주일에 한 번씩 방문해주었다.
항상 성령의 위로를 주고 가서서 참 감사했다.
집사님은 나를 볼 때마다 말했다.
"우경 씨, 걱정하지 마세요.
때가 되면 하나님께서 고쳐주세요.
우경 씨의 이름은 하늘의 생명책에 기록되어 있어요.
그러니 걱정하지 마세요."
그 말을 들으며 나는 속으로 생각했다.
'하나님의 생명책에 내 이름이 기록되어 있다니….
정말 감사하다! 그런 말이 있구나.'
당시는 정확히 무슨 뜻인지 몰랐지만 그저 감사했다.

현재 이 집사님 부부는 동남아시아 선교사로 나가 계신다. 얼마 전에 만나서 감사 인사를 드릴 기회가 있었다. 집사님은 내게 이런 얘기를 했다. "나는 지금까지 하나님의 일, 선교 사역을 많이 했지만 늘 그 열매가 궁금했어요. 하나님께서 우경 씨를 통해 그 열매를 보여주시니 감사하네요." 나는 그 분이 지금도 하나님께 헌신된 일을 감당하고 있는 것이 정말 감사하다.

심한 정신적인 고통과 함께 시간이 흘렀다.

하루에 신경안정제를 네 번씩 먹으면서 병원과 집을 오갔고,

남편은 항상 내 옆에서 나를 돌보며

모든 시간과 정성을 쏟아부었다.

그렇게 또 서른세 살을 맞았다.

"당신은 서른세 살 이후의 삶이 없어."

앞에서 언급했던 역술인의 그 말이 마음에 걸려

서른세 살은 내게 공포의 시간으로 다가왔다.

'내게 서른세 살 이후의 삶이 없다고?

그 역술인이 무슨 얘길 한 거지?

내가 만난다는 큰 신은 도대체 누구야?'

그가 말하기 싫어하던 큰 신은 '하나님, 여호와'였다.

귀신의 영에 씌어 있어 그 입술로

하나님을 말하기 싫었던 것이다.

강명옥 전도사님과 상담을 할 때도 나는 이런 말을 했다.

"전도사님, 저는 서른세 살까지만 살 거예요.
아마 그 후에는 이 땅에 없을지도 모르겠어요."
그러자 전도사님이 말했다.
"아니에요, 우경 자매님!
어쩌면 하나님이 서른세 살에 아기를 주실지 몰라요.
자매님이 아기를 낳을지도 몰라요!"
당시에는 이루어질 수 없는 황당한 말로 들렸는데
그 말대로 내게 기적이 일어났다.
1999년의 마지막 주일인 12월 26일에
옥한흠 목사님께서 설교 시간에 내 이야기를 소개하셨다.
제목은 '고통 때문에 받은 은혜 헤아려보기'였다.
내 편지글을 소개하시며 전도사님이 내게 말한 것이
사실이 되었음을 성도들에게 나누셨다.

　　지금도 강명옥 전도사님의 눈물의 기도를 마음 깊이 간직하
　　고 있다. 자주 뵙지는 못하지만 그때 전도사님의 기도로 지
　　금 하나님의 사람이 되어 증인의 삶을 살게 되었음을 잊지 않
　　고 감사하고 있다.

계속되는 정신적인 고통 뒤에는
영적인 고통이 기다리고 있었다.
영적인 실체를 깨닫고 그 공격을 대적하며
예수의 이름으로 물리치는 경험들을 하게 되었다.

서른한 살에 하나님의 자녀와 그렇지 않은 자가
어떤 의미인지도 영적인 눈으로 보니 깨달아졌다.
일일이 설명하기는 어렵지만
서른세 살에 엄청난 영적인 공격을 받으며,
또 영적 전쟁을 치르며 힘겹게 삶을 이어나가고 있었다.
한번은 이런 일이 있었다.
강남역에서 사랑의교회까지 가는 길에
'1001'이 쓰여 있는 포스터가 붙어 있었다.
나는 그 포스터가 붙여지기 전에 순장님께
'색즉시공(色卽是空), 공즉시색(空卽是色)'을
숫자로 표현하면 '1001'이라고 말을 한 적이 있었다.
눈에 보이는 것, 색(色)의 숫자는 1,
눈에 보이지 않는 것, 공(空)의 숫자는 0,
그래서 눈에 보이는 것은 보이지 않는 것과 같고,
눈에 보이지 않는 것은 보이는 것과 같다고 말했었다.
영적인 전쟁을 치르던 시기에는
이러한 숫자를 보는 것도 힘이 들었다.
그래서 순장님과 그런 이야기를 나눴던 것인데
어느 날, 그 숫자가 교회 앞까지 쭉 붙어 있었다.
그것을 보고 순장님이 말했다.
"얼마나 영적인 그릇이 크면 우리 같은 사람도
다 알 수 있도록 이렇게 방해를 하나?"

하지만 그런 영적인 공격이 하나도 무섭지 않았다.

물론 1001은 사람들마다 여러 의미로 해석할 것이다. 그들의 해석이 나와 동일할 수 없다는 것을 잘 안다.

이후로도 나는 남들이 이해하기 힘든 영역에서
혼자 영적 전쟁을 치르는 사투를 벌여야만 했다.
나를 공격하는 사탄을 예수님의 이름으로 대적하고
날마다 찬송하며 기도했다.

영적 전쟁과 그 실체들은 자세히 다 얘기할 수도 없거니와 환상과 같아서 더 말하기는 어렵다. 하지만 핵심은 하나다. 결국 옛 뱀과 싸워서 승리한 거였다. 난 승리했다. 뱀과 싸워 이겼다. 예수님의 이름으로 물리쳤다!

그러나 몸은 좀처럼 나아지질 않았다.
예전에 비해 많이 좋아지기는 했지만
여전히 고통이 남아 있어서 힘이 들었다.
불면증 치료약을 먹으며 병원과 집을 계속 오갔다.
그때 치료에 대해 도움을 주었던
의사 선생님이 사랑의교회의 안수 집사님이었다.
참 따뜻하고 좋은 분이셨고, 그 분의 의술과 상담이
내게 큰 도움이 되었다.

서른세 살까지 내 병증이 도저히 나을 기미가 없자
막내 여동생인 정희가 난생 처음으로 날 위해

기도원에 다녀왔다.

동생이 기도를 하는데 하나님께서

내가 나을 거라는 확신을 주셨다고 했다.

그러면서 내게 기도원에 가서 기도를 하라고 했다.

나는 엄마와 함께 오산리기도원에 올랐다.

몸이 워낙 약해져 있던 터라

'내가 과연 나을 수 있을까' 의심을 하면서

힘들게 시외버스를 타고 기도원에 올라갔다.

하지만 3일 동안 금식을 해도 아무런 차도가 없었다.

친정엄마는 매일 울면서 회개하고 기도했다.

나도 엄마를 따라 기도하며 하나님께 만나달라고

말씀드렸지만 아무 일도 일어나지 않았다.

금식 3일째가 되는 날이었다.

엄마가 잠깐 잠이 든 틈을 타서 기도원을 나왔다.

지갑과 가방까지 그대로 둔 채 몰래 기도원을 나섰다.

한참을 내려와서 도로를 지나가는데

차들이 쌩쌩 달리고 있었다.

나는 지나가는 승용차 한 대를 세웠다.

그리고 겁도 없이 그 운전자에게 말했다.

"근처 전철역에 세워주시면 감사하겠습니다."

운전자가 대답했다.

"저는 구파발 쪽으로 안 가고, 일산 쪽으로 갑니다."

"아, 일산 쪽이면 더 잘됐네요!
저도 그쪽으로 가려고 하니 좀 태워주시겠어요?"
　한 번도 지나가는 차를 잡아본 적이 없었는데 당시는 어디서
　그런 용기가 났는지 모르겠다.
차를 타고 한참을 가다가 물었다.
"아저씨는 일산 어느 쪽으로 가세요?"
"햇빛마을이요."
"어머나! 저도 거기 사는데, 어느 아파트에 사세요?"
"일신건영아파트요."
"어? 저도 그 아파트인데, 몇 동에 사세요?"
"2411동이요."
"저는 2412동인데요!"
파주까지 와서 무작정 지나가는 차를 붙잡았는데
어떻게 같은 아파트의 바로 앞 동에 사는 사람을
만날 수 있는지 정말 신기했다.
"그런데 제가 지금 햇빛마을 쪽으로 가는 게 아니고
남편이 있는 능곡 쪽으로 가려고 하는데요."
그랬더니 그 분이 나를 데려다주겠다고 했다.
그러면서 어디에 다녀오는 거냐고 물었다.
"기도원에 왔는데 기도가 안 돼서 도망치는 길이에요.
아저씨는 하나님이 살아 계신 걸 믿으세요?"
그랬더니 그 분이 룸미러로 나를 쳐다보며 말했다.

"제 직업이 목사입니다."

나는 속으로 깜짝 놀랐다.

'어떻게 이런 일이 있을 수 있을까?'

"목사님이시라고요? 어느 교회의 목사님이세요?"

경기도에 있는 한 기도원의 목사님이라고 하셨다.

"어머! 거기는 일주일 전에 저희 순장님과 순원들이

저를 위해 기도한다며 갔던 기도원인데!"

그 기도원의 목사님이라는 사실이 정말 놀라웠다.

'하나님이 기도를 듣고 응답하셨나 보다!'

나는 그 사실을 목사님에게 말했다.

"자매님, 하나님은 살아 계십니다.

그런데 왜 기도원에서 나와 남편에게 가는 거죠?"

"목사님, 실은 제가 몸이 아파서 기도원에 올라왔는데

아무리 기도를 해도 응답이 없고

하나님이 계신지도 모르겠고, 꼭 죽을 것만 같아요."

그리고 그동안의 내 이야기를 짧게 했다.

그랬더니 목사님이 남편의 한의원 앞에

차를 대고 말씀하셨다.

"지금부터 제 이야기를 잘 들으세요.

이 만남은 하나님이 허락하신 섭리적인 만남입니다."

'섭리적인 만남'이라는 말이 귀에 들어왔다.

"섭리적인 만남이요?"

"네, 하나님이 미리 예비하셔서 만나게 하신 만남입니다.
자매님, 제 얘기를 잘 들으십시오."
그러면서 내게 하나님과 구원과 복음에 대해 얘기하셨다.
"하나님은 자매님을 무척 사랑하십니다.
이 어려운 상황에서도 하나님을 의지하며 기도한 것은
절대 땅에 떨어지지 않습니다.
열심히 하나님을 부르짖어 찾으면
하나님께서 자매님의 병도 낫게 하실 뿐만 아니라
아기도 주시고 남편과 행복하게 살 수 있도록
축복된 가정을 허락하십니다.
그러니 하나님만 붙드십시오.
그런데 자매님이 하나님을 붙들지 않고
남편의 사랑만 의지하면
오래 행복하게 살지 못하고, 아이도 낳지 못하며
하나님과 관계없는 삶을 살 수도 있습니다.
그러니 오직 하나님만 붙드십시오."
나는 목사님의 말을 듣고 대답했다.
"목사님의 다른 말씀은 다 받아들이겠는데,
저는 아기를 낳을 수가 없어요.
생명만큼은 제 뜻대로 되지 않아요.
제가 유산의 충격으로 '임신', '아기'라는 생각만 해도
온몸이 굳어져 잠을 못 자는 불면증이 생겼어요.

유산의 후유증으로 제 삶에는 희망이 없어요."

"자매님, 하나님께 아뢰면 모든 병을 다 고쳐주십니다."

목사님이 강하게 말씀하셨다.

나는 목사님께 감사 인사를 드렸다.

거의 세 시간 동안 차 안에서 내게 복음을 전하며 하나님의 말씀과 뜻을 전했던 그 분은 갈멜산기도원의 이 모 목사님이라고 하셨는데 성함이 기억나지 않는다. 지면을 통해 깊은 감사 인사를 드린다. 나는 목사님이 하나님께서 보내신 천사였다고 생각한다.

3

목사님과 헤어지고 남편의 한의원에 가보니
남편은 환자들을 진료하고 있었다.
내게 왜 왔느냐고 물어서
기도원에서 도망 나오다 한 목사님의 차를 타게 됐고,
병원 앞에서 세 시간 동안 이야기를 나누었다고 설명했다.
그는 웃으며 나를 다시 기도원에 데려다주었다.
엄마는 내가 나갔다 온 줄도 모르고 주무시고 계셨다.
이틀 동안 잠도 마다하고
눈물로 금식하며 기도했기에 깊게 잠드셨던 것 같다.
저녁예배 시간이 되었다.
엄마와 함께 다시 예배에 참석했다.
그런데 기도를 하며 예배를 드리는데
엄마가 대성통곡을 하기 시작하셨다.
그 모습을 보니 죄책감이 밀려왔다.

'8남매를 낳고 온 정성으로 기르셨는데,
만딸이 이렇게 아프고 정신적으로 고통을 당하니
그 마음이 어땠을까!'
엄마에게 미안한 마음이 들었다.
그래서 회개하기 시작했다.
어릴 때부터 그때까지 지은 죄를 모두 회개했다.
예배를 마치고 엄마와 대화를 나눴다.
내 손을 잡으면서 엄마가 말했다.
"우경아! 하나님께서 네 병을 반드시 고쳐주신다.
오늘 하나님께서 엄마의 눈에 무엇인가를 보여주셨다."
　당시 엄마는 그것이 기독교에서 말하는 환상인 줄 몰랐기에
　눈에 무엇을 보여주셨다고만 말했다.
"우경아, 네가 건강한 모습으로 흰 옷을 입고,
반짝반짝 빛나는 은색 마이크를 잡고
콩나물시루 같은 많은 사람들 앞에서
하나님의 말씀을 증거하는 사람이 되었더라.
너는 반드시 건강해질 거고, 하나님께서 쓰실 거야."
그러면서 덧붙여 말했다.
"그리고 땅속에 용광로가 지글지글 끓고 있는데
불길이 땅 위로 솟구쳐 올라왔어.
그런데 예수님께서 온 무덤에 있는 뱀들을
그 용광로의 불에 넣고 모두 태우시는 거야.

하나님께서 모든 죽음의 사망 권세를
다 이기신 영광을 보여주셨어.
우경아, 틀림없이 하나님께서 너를 고쳐주시고,
반드시 너를 쓰실 거야."
평소의 엄마답지 않게 능력의 말씀을
대언(代言)하는 사람처럼 확신에 차 있고,
음성도 힘 있게 달라져 있는 것을 느낄 수 있었다.
"엄마는 너를 하나님께 맡기고 내려갈게.
내일부터 여성초교파 금식대성회가 시작되니
하나님께 열심히 기도하고 다 낫고 내려와라.
하나님은 반드시 살아 계신다.
그리고 우리 딸을 꼭 쓰실 거야. 할렐루야!"
놀랍게도 하나님을 믿지 않던 엄마가
완전히 하나님의 사람으로 변해 있었다.
엄마는 내게 확신을 주며 뜨겁게 기도도 해주셨다.
그리고 눈물을 흘리며 나와 헤어졌다.

다른 때 같으면 이런 상황들이 매우 두려웠을 것이다.
3년 동안 늘 옆에 보호자가 있었는데
아무도 없이 혼자 지내게 된 것이다.
그러나 한편으로는 다른 사람도 아닌 엄마가
확신에 차서 환상을 보았다고 하니 믿을 수밖에 없었다.

엄마도 내려가시고 보호자도 없이
다음 날부터 금식대성회에 참석하기로 했다.
전국 각지에서 몰려든 수많은 여성 성도들과 함께
하루에 네 번씩 예배를 드렸다.
3일 금식을 했지만 아무 일도 일어나지 않았다.
하나님께 부르짖었지만 특별한 체험이 없었다.
'그래, 어차피 죽은 목숨인데
죽기 전에 기도하며 죽으면 그래도 낫지!'
그렇게 생각하며 몸도 아프고 고통스럽기도 했지만
계속 부르짖으며 기도했다.
기도하고 회개하다 보니 내 마음이 달라져 있었다.
그리스도인에게 회개가 얼마나 중요한지 알 수 있었다.
하나님의 거룩한 영이신 성령이 우리에게 임하려면
반드시 회개가 필요하다.
성령은 거룩한 하나님의 영이시므로
회개하지 않은 부패된 속성을 가진 사람들 안에는
들어오지 못한다는 것을 알았다.
성령은 정결한 예수님의 영이신데
어찌 죄가 가득 찬 사람들에게 올 수 있을까!
우리가 회개하고 정결하게 되었을 때
거룩하신 영이 우리 안에 내주(內住)하실 수 있다.
회개는 정말 하나님을 제대로 만나기 위한

가장 중요한 필수 요건임을 분명히 깨닫게 되었다.

나는 기도굴에서 손을 들고 찬양했다.

"천부여 의지 없어서 손들고 옵니다.

주 나를 박대하시면 나 어디 가리까

내 죄를 씻기 위하여 피 흘려주시니

곧 회개하는 맘으로 주 앞에 옵니다."

그렇게 자정이 넘도록 기도하며 부르짖었다.

처음으로 기도원 바닥에서 불편한 잠을 잤다.

성전에서 찬양하며 예배하고, 자고 일어나서

또 하나님께 계속 기도했다.

오산리기도원 성전의 긴 의자에 쪼그리고 앉아서

많은 사람들과 찬양하며 깨알 같은 글씨로

목사님들의 말씀을 받아 적으며 예배에 참석했다.

매시간이 은혜의 시간이었다.

강단 위에서 선포되는 말씀이 모두

나를 위한 하나님의 말씀으로 느껴졌다.

초교파 금식대성회 3일째,

내가 금식한 지 6일째 되는 저녁이었다.

영화배우였다가 목사님이 되신 고(故) 문오장 목사님이

예배 시간에 이런 얘기를 했다.

"여기 결혼한 지 7년 된 자매님이 계십니다.

그동안 잉태하지 못한 이유는
기도로 하나님의 영광을 위해 쓰임 받는 아이를
주시기 위함입니다."
그러면서 새벽에 주님께서 그 말씀을 하셨노라고 했다.

나중에 설교 테이프를 사서 들어보니 그 내용이 빠져 있었
다. 테이프의 앞면과 뒷면이 바뀌는 순간에 그 이야기가 있었
는데 아쉬웠다. 하나님께서 녹음될 때 그 말씀을 왜 빼셨는
지 궁금했다. 그 테이프를 다시 구할 수 있으면 좋겠다.

목사님은 아브라함과 사라에 대한 설교를 하면서
아브라함이 이삭을 바치러 모리아산으로 가는 장면에서
아기 잉태에 대한 이야기를
살짝 하고 지나갔는데
내게는 너무나 놀라웠다.
하나님께서 날 위해서 주의 종의 입술을
사용하신다는 것을 깨달았다.
그러고 나서 그날 밤에 한 목사님이
아가서에 나오는 솔로몬과 술람미 여인에 대한 설교를 했다.
그런데 설교가 끝나고 통성기도를 하는 시간에
내게 성령이 임하셨다.
그때 내 입에서 울음이 터지면서
"하나님은 사랑이시라"라는 말이 튀어나왔다.

그러자 강한 음성이 마음에 들렸다.

'사랑하는 딸아, 내가 네 모든 걸 고쳤다.

내가 네게 결혼 7주년 기념일에

지혜롭고 건강한 아기를 주겠노라.'

나도 모르는 방언 통변이 내 입에서 튀어나왔다.

내게 지혜롭고 건강한 아기를 주겠다고 하신

하나님의 언약이 정말 기뻤다.

　신실하신 하나님께서 그 언약을 이루어주셨다. 고1인 큰딸 의성이에게 말씀대로 놀라운 지혜와 총명을 주셔서 전교 1등을 계속 해오고 있다. 그리고 중학생이 되는 작은딸 의진이는 유머 감각과 놀라운 체력, 공부 욕심까지 있어 사뭇 기대가 된다. 나는 가끔 일상 속에서도 내게 생명을 허락하신 하나님의 귀한 선물을 보며 하나님께 감사함으로 절로 머리를 숙이게 된다.

얼마나 성령이 뜨겁게 임했는지

예배를 마치고 둘러보니 내가 앉았던 의자 앞뒤에

놓여 있던 성경들이 땅바닥에 떨어져 있었다.

그리고 뒤에 계셨던 할머니 권사님이 말했다.

"하나님께서 자매님에게 많은 은혜를 주셨네요.

축하합니다!"

나는 뛸 듯이 기뻤다.

그리고 하나님께서 3년 만에 처음으로

내 얼굴의 굳은 근육을 풀어주셔서
다시 예전의 잘 웃던 모습으로 돌아왔다.

4

강력한 성령 체험을 한 후에

나는 철야기도를 하러 기도굴에 들어갔다.

　이 사건도 소개를 해야 할지를 고민했지만 솔직하게 쓰기로

　결정했다.

그곳에서 무릎을 꿇자마자 갑자기 내 몸이 앞으로 '꽉' 나갔다.

마치 위로 들렸다가 고꾸라지는 것 같은 느낌이랄까.

또 한 번, 두 번, 세 번이나….

그러면서 두 손이 벽에 걸려 있는 십자가를 붙들었다.

그 십자가가 손에 들려 올려지더니

가슴에 와서 '탁' 박히는 것이었다.

그 십자가를 보는 순간, 주의 성령께서 내게 물으셨다.

'사랑하는 딸아, 네가 나를 사랑하느냐?'

잠시 침묵이 흘렀다.

나는 주님께 사랑한다는 고백을 하기가 미안했다.

한참을 머뭇거렸다.

왜냐하면 내가 3년의 고통을 겪는 동안

이런 생각을 했기 때문이었다.

'주님이 내게 벌을 주시나 봐.

내가 하나님을 대적하는 논문을 쓰고

다른 쪽에서 일을 해서 이런 벌을 내리시나 봐.'

도저히 사랑한다는 고백을 할 수가 없었다.

그래서 입에서 겨우 나온 것이

"이제 사랑하도록 노력하겠습니다"였다.

그랬더니 주님은 내게 두 번째 질문을 하셨다.

'사랑하는 우경아, 네가 나를 사랑하느냐?'

이번에는 아까보다 좀 더 나은 대답을 했다.

"네, 이제는 사랑할 수 있을 것 같습니다."

그러자 잠시 침묵이 흐르고

다시 세 번째 질문이 시작됐다.

'사랑하는 우경아, 너는 나를 사랑하느냐?'

부끄럽기는 했지만 용기를 내서 "네"라고 대답했다.

그러자 갑자기 물과 피의 포도주 같은 색깔이

눈에 뿌려지며 성전의 휘장 같은 게 반으로

갈라지는 것이 보였다.

환상이 뭔지도 모르고 그런 것을 본 적도 없는데

희한한 일이 내게 일어났다.

그다음부터는 내 입에서 알 수 없는
아름다운 찬양이 나오기 시작했다.
'세상에! 이것이 혹시 방언 찬양인가?'
여호와 하나님 아버지를 찬양하는 곡들,
사랑의 노래들을 부르기 시작했다.
나는 남편과 아름답게 연애하고 결혼하며
그가 제일 멋진 사람인 줄 알았는데
예수님은 그 누구와도 비교할 수 없는 분이셨다.
그분은 정말 멋진 분이셨다.
불러주시는 노래도 아름답고 박력 있고 용기 있었다.
나는 청년 예수님의 매력에 푹 빠졌다.
'내가 몰랐던 예수님이 이런 분이셨구나, 와! 멋지다!'
감탄을 연발하며 예수님이 부르시는 노래에 취해 있었다.
중저음의 정말 멋지고 힘 있는 목소리의 찬양,
태어나 처음 경험하는 음성과 노래였다.
내 입에서 나오는 그 아름다운 찬양을
어떻게 글로 표현할 수 있겠는가!
내 나이 서른세 살, 1998년 7월 31일에
드디어 처음으로 주님과의 교제가 시작되었다.
나는 주님께 여쭈었다.
'이렇게 아름다운 찬양의 제목이 뭐예요?'
그랬더니 주님께서 말씀하셨다.

'이것은 창세 때 아버지가 아담을 지으시고
그 갈비뼈로 하와를 만드셔서,
하와를 아담에게 데려오셨을 때
그가 하와를 보고 기뻐서 부른 노래란다.
이는 내 뼈 중의 뼈요, 내 살 중의 살이라.
그 아름다운 사랑의 노래가 바로 성경의 아가서란다.
아가서는 하나님과 하나님의 자녀들,
예수와 그의 백성들, 성도들,
또 사랑의 실제적인 주체인 솔로몬과 술람미 여인의
사랑의 노래이지만 또한 아담이 하와를 위해서
불러주었던 노래란다.'
주님은 내게 많은 것을 말씀해주셨다.
나는 아가서에 대한 그런 해석이 정말 있는지
빨리 기도원에서 내려가 확인해보고 싶었다.
그리고 그날 밤 주님과 많은 교제를 나누었다.
당시 나는 그 노래를 주님이 왜 내게 불러주셨는지 몰랐고,
그저 기쁘게 기도원에서 내려와 엄마를 만났다.
엄마는 기도원에 다녀온 이후에
완전한 크리스천으로 바뀌어 있었다.
"하나님께 기도하자. 그분이 모든 것을 책임지신다."
엄마는 그날 기도원에서 내려와 집에 올 때까지
그렇게 울어본 적은 태어나 처음이라고 하셨다.

기도원에서 버스정류장까지 오는 길에
한 사람도 만나지 못했고,
소리 내어 기도원이 떠나갈 듯이 울며 내려왔다고 했다.
무엇 때문에 그랬는지 모르겠다고 했다.
성령의 임재 현상 가운데 하나가 '우는 것'인데,
엄마에게 그것이 나타났음을 알려주었다.
기도원에서 내려와 아가서를 찾아보았다.
남녀 간의 사랑 이야기가 있었다.
성경 주석을 찾아보니 한영 성경에
하나님과 성도의 관계, 솔로몬과 술람미 여인의
사랑 이야기에 대한 설명이 나와 있었다.

　　지금 그 성경은 내게 없다. 어느 목사님에게 가 있는데 기독
　　지혜사에서 나온 성경으로 기억한다.

또 세 번째 주석에는 '아담이 하와를 위해 불러준 노래'라는
설명이 있어서 처음 보는 주석에 연두색 형광펜으로
밑줄을 그었던 것이 분명히 기억난다.
그 내용을 확인하는 순간 전율이 느껴졌다.
주님이 말씀하신 것을 성경에서
그대로 눈으로 확인하니 기분이 이상하고 놀라웠다.
이것을 어떻게 설명할 수 있으랴!
나는 이 기쁨의 감격을 나누고자
그동안 기도해주셨던 옥한흠 담임목사님께

두 통의 편지를 썼다.

옥 목사님은 《제자훈련 열정 40년》에

내가 첫 번째로 쓴 편지의 일부분을 소개하셨다.

두 번째 편지는 큰딸이 성탄절에 유아 세례를 받을 때 썼는데

목사님께서 1999년 12월 26일,

마지막 주일 설교 때 성도들에게 나누셨다.

사실은 그 편지도 성령님의 강권적인 인도하심으로

쓰게 되었는데 옥 목사님께서 성도들에게

나눠주시는 것을 보고 속으로 무척 놀랐다.

그 일로 나는 하나님이 하시는

성령의 일에 대해 깊이 생각하게 되었고,

또 내가 주님이 쓰게 하신 글이라고 말하지 않았어도

담임목사님께서 영적 민감성을 가지고 깨어 있는 반응을

보여주신 것에 대해 깊은 신뢰를 갖게 되었다.

《제자훈련 열정 40년》(271,272쪽, 국제제자훈련원)에 소개된

목사님의 글을 그대로 옮겨본다.

내 편지글의 세 번째 장 마지막 부분에 있던 내용이다.

그럼에도 불구하고 사랑의교회 평신도들은 내가 가르친 이상으로 강하고 열정적인 기도를 하고 있다. 성령 운동을 하는 교회에서나 볼 수 있는 열광적인 기도도 가끔 있다. 방언하는 사람도 많고 병 고치는 이적도 심심찮게 일어난다. 얼마 전 나에게 날아

온 우리 교회 어느 자매의 편지다.

'목사님, 저의 약한 부분을 타고 들어오는 사탄의 공략에 이길 수 있는 방법은 하나님의 전신갑주를 입고 성령의 검, 곧 하나님의 말씀을 가지는 것밖에는 도리가 없었습니다. 예수 믿고 처음으로 지난달에 금식기도와 철야기도로 밤을 지새우며 하나님께 부르짖었습니다. (…) 예배 도중 너무도 강한 성령의 임재로 모든 것이 치료되었습니다. 성령님은 예수 십자가 보혈의 공로가 얼마나 위대한 것인가를, 그리고 측량할 수 없는 하나님의 사랑이 얼마나 풍성한가를 그분만의 독특한 방법으로 제게 보여주셨고, 저는 단지 그분의 위대하심에 감탄만 하다가 결국 그분께 완전히 압도되어버렸습니다. 그렇게 오랫동안 괴롭히던 무서운 두통은 간데없이 사라지고 형언할 수 없는 기쁨과 평안을 안겨주셨습니다. 뿐만 아니라 저의 피를 마르게 했던 그 끔찍한 불면증마저 깨끗이 고쳐주셨어요. 할렐루야!'

나는 내가 아직 오르지 못하고 있는 이와 같은 기도의 정상에 먼저 올라가 환호성을 지르며 날 보고 올라오라고 손짓하고 있는 평신도들이 우리 교회 안에 많이 있는 것을 하나님께 감사하고 있다. 그들 손에 이끌려 나도 반드시 그 정상에 서는 날이 올 것이기 때문이다.

17년이 지나 그때의 편지글을
《예정》에 다시 쓰게 될 줄은 꿈에도 몰랐다.

모두 하나님께서 하신 일이다.

여호와 하나님께서 훌륭한 하나님의 작품을

지금 이 순간에도 계속 만들어가고 계신다.

마치 멋진 퍼즐의 작은 조각 하나하나를

맞추어 가고 있는 기분이다.

하나님 안에서 창세전에 예정되어 있는 퍼즐 말이다.

새삼 영적으로 깨어 있는 신실한 주의 종이 정말 그립다.

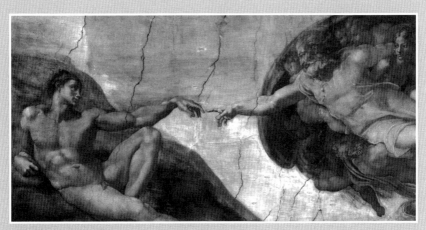

미켈란젤로 作, 〈아담의 창조〉

5장

자연 계시와

특별 계시

I

나는 기도원에서 내려오자마자 남편에게 말했다.

"여보, 하나님이 내 병을 다 고쳐주셨어.

이제 신경안정제를 안 먹어도 될 것 같아.

다시 예전으로 돌아간 것 같아."

남편이 내 얼굴을 보며 말했다.

"어? 우경아, 네 얼굴 표정이 예전으로 돌아왔어!"

나는 3년 동안 근육이 모두 굳어 있었다.

얼굴에는 웃음도 없었고, 영적으로 눌려 있었으며,

온몸의 근육이 마비되어 많이 비틀어져서

얼굴에 생기가 전혀 없었다.

그런데 거울을 보니 예전의 생기발랄한

내 모습으로 돌아와 있었다.

남편이 말했다.

"부모님께서 걱정하시니 먼저 전화를 드리자."

남편은 엄마와 한참 이야기를 하다가 나를 바꿔주었다.

"우경아, 엄마는 하나님께서 널 고쳐주신 걸 믿어.
하나님께서 엄마에게 보여주신 게 있기 때문에
너는 앞으로 반드시 하나님을 증거하는 딸이 될 거다.
우경아, 이제 약 안 먹어도 돼. 괜찮아."

곧이어 친정아버지와도 통화를 했다.

"우경아, 믿음도 좋지만 약은 꼭 먹어야 한다.
약을 안 먹고, 잠을 못 자서 또 예민해지면 큰일 난다.
기도는 기도고, 약은 약이야."

그래서 내가 아버지에게 말했다.

"하나님께서 제 병을 고쳐주셨어요.
더 이상 약을 먹을 필요가 없어요."

그러자 아버지가 말씀하셨다.

"만약 하나님이 네 병을 다 고쳐주셨다면
내가 교회에 정말 열심히 나간다."

내가 대답했다.

"아빠! 내가 약을 안 먹고 정말로 다 고침 받은 걸
확인하면 진짜 열심히 교회에 다닐 거예요?"

"그럼! 교회에서 나를 오지 말라고 해도 다닌다!"

"만약 오늘 내가 약을 안 먹고 잠을 잔다면
하나님께서 내 병을 고치신 줄 알고
더 이상 약을 권하지 마세요."

"그래, 그러자. 그런데 너 정말 괜찮겠니?"

"네, 괜찮아요! 내일 아침에 아빠가 확인하러 오세요."

전화를 끊고 그날은 일찍 잠자리에 들었다.

3년 동안 먹던 안정제를 먹지 않고

처음으로 일찍 잠자리에 드니 멍한 느낌은 있었지만

더 이상 불면은 없을 거라고 믿었다.

밤 10시에 자리에 누워 다음 날 아침 8시까지 잠을 잤다.

무려 10시간이나 잠을 잔 것이다.

3년 만에 처음으로 숙면을 취했다.

'세상에! 약을 하루에 네 번씩 먹어도

잠은 거의 못자고 가수면(假睡眠) 상태로 각성되어 있어

온몸을 가누기도 힘들었는데 하나님을 만나고 나서

약을 먹지 않고 이렇게 숙면을 취할 수 있다니!'

놀랍고 기뻤다. 남편도 아침에 정말 기뻐했다.

내가 숙면을 취하자 함께 깊은 잠을 잘 수 있었다.

그동안 내가 매일 잠을 못 자고

왔다 갔다 하고 울며 고통스러워하니

남편도 함께 잠을 제대로 잘 수 없었을 것이다.

내 근육이 모두 비틀려 돌아갈 때는

남편이 나를 꼭 껴안고 달래주었다.

그럴 때마다 정말 힘이 들어서 남편의 얼굴을 잡았다.

손에 잡히는 것이 그의 안경이라

몇 개나 내 손에서 부러져 나갔는지 모른다.

천사 같은 남편은 단 한 번도 자신의 행동에 대해
내게 보상을 바라거나 공로를 말한 적이 없다.

지금까지도 그는 변함이 없다.

인격적인 예수님을 닮은 사람이라고 생각했다.

정말 하나님이 주신 보석 같은 남편이다.

남편의 그 마음도 주님이 주신 마음이요,
하나님의 마음임을 알게 되었다.

모든 것이 감사하다.

잠을 푹 잔 다음 날 아침,
남편이 출근할 때쯤 부모님과 막내 여동생이 찾아왔다.

내 밝은 모습을 보니 부모님도 기뻐하셨다.

나는 친정아버지를 위해 기도해야겠다는
마음이 들었다.

평생 하나님 없이도 잘 살아왔던
아버지의 영혼이 불쌍하고 가련해 보였다.

자신의 힘만을 의지하는 삶이
얼마나 어리석고 부질없는 일인지
3년의 고통을 통해 철저하게 깨닫고 나서
나는 육신의 아버지의 영혼이 안타까웠다.

평소 "죽으면 그냥 끝나는 거지,
영원히 사는 삶은 없다"라고 하는 아버지를 향해

'살아 계신 하나님'께서 이 시대에도 살아 역사하심을
직접 보여주시기를 간절히 기도했다.

구약 시대에만 존재하시는 하나님 아버지가 아니라
지금 이 시대에도 눈동자처럼 우리를 지켜주시고
함께하신다는 것을 불신자인 아버지가 깨닫기를 원했다.

그래서 나는 가족들이 보는 앞에서
아버지의 영혼 구원을 위해 간절히 기도하기 시작했다.

그런데 기도를 마치자마자 놀라운 일이 눈앞에 펼쳐졌다.

　하나님이 그때 진짜 그 기도를 들어주셔서 그랬는지 기막힌
　현상이 일어났다.

그날의 기억은 아직도 너무나 생생하다.

나는 성경을 두 손 위에 올려놓고
무릎을 꿇고 하늘을 바라보며 뜨겁게 기도했다.

성삼위일체이신 하나님의 이름을 부르기 시작했을 때
하나님의 강한 임재를 느낄 수 있었다.

"창조주 하나님 아버지, 나의 주 여호와여!
내 영혼이 주를 찬양합니다.

제 육신의 아비인 서○○는
여호와 하나님이 살아 계신 것도 모르고
지금까지 살아왔습니다.

이제는 친정아버지가 하나님을 열심히 섬기고
교회에 나가도록 이 시간에 역사해주세요.

여호와 하나님께서 지금도 살아 계신 창조주이신 것을
가족들에게도 보여주세요.
예수님의 이름으로 기도드립니다. 아멘!"
"아멘!" 하고 기도를 마치는 바로 그 순간이었다.
두 손 위에 올려져 있던 성경이
갑자기 베란다 창문에 '휙' 하고 가서 부딪혔다.
더 놀라운 것은 성경이 창문에 부딪히는 순간에
멀쩡했던 창밖의 하늘에서 한줄기 번갯불이 길게 내려와
창문 위의 성경과 동시에 부딪치는 일이 벌어졌다.
우연이라 하기에는 너무나 절묘했다.
영화에서나 볼 수 있는 그런 모습이었다.
태어나서 처음으로 그런 놀라운 장면을 목격했다.
마치 미켈란젤로의 〈천지창조〉 작품 중에서
인간과 신의 손끝이 만나는 것과 비슷했다.
그 그림처럼 성경과 번개가 동시에 만났다.
그러고는 갑자기 하늘에서 뇌성을 발하는 것처럼
엄청나게 큰 천둥 소리가 들리기 시작했다.
맑고 밝았던 아침 풍경은 사라지고
갑자기 온 하늘이 붉게 변하더니
번개가 레이저 광선을 쏘듯이 계속 번쩍거리고
비가 억수같이 쏟아지기 시작했다.
사무엘상 12장 18절에

"사무엘이 여호와께 아뢰매

여호와께서 그날에 우레와 비를 보내시니

모든 백성이 여호와와 사무엘을 크게 두려워하니라" 한 것처럼

그날 성경과 번개가 동시에 만난 것,

하나님께서 보이신 번개와 천둥, 우레와 비,

하늘에서 들려오는 위엄찬 소리들(욥 37:4)은

창조주 하나님이 정말 살아 계시다는 것을

가족들이 두려운 마음으로 받아들일 수밖에 없는

큰 사건이 되었다.

친정아버지는 바깥에서 크게 들리는 천둥 소리를 들으며

번갯불과 내 얼굴을 번갈아 보시더니

"무슨 이런 일이…"라며 당황해하셨다.

그러고는 상기된 얼굴로 내게 괜찮으냐고 물어보셨다.

내가 오히려 아버지에게 질문했다.

"하나님께서 이렇게 보여주시는데 모르시겠어요?

지금 응답해주시잖아요.

하나님은 살아 계신 분이라고요.

저 밖에서 자연을 통해 역사하시는 그분을 느껴보세요.

천둥과 우레 소리로 말씀하고 계시잖아요.

아빠는 안 들리세요?"

그러자 아버지는 걱정스런 얼굴로 말씀하셨다.

"우경아, 빨리 병원에 가보자."

3년 동안 도움을 받은 주치의에게 찾아가
내가 정말 건강해졌는지, 더 이상 약을 안 먹어도 되는지
확인하고 싶으셨던 것이다.
나는 그럴 필요가 없다고 생각했지만
주님이 내 안에서 '네 부모를 공경하라'는
말씀을 들려주시는 것 같았다.
그래서 그날 오후에 부모님을 모시고 의사를 찾아갔다.
의사 선생님이 부모님에게 말했다.
"그동안 고생이 많으셨습니다.
하나님께서 따님을 완전히 고쳐주셨습니다!
더 이상 병원에 올 필요도, 약을 먹을 필요도 없습니다.
애 많이 쓰셨습니다."
부모님은 기뻐하시며 의사 선생님에게 감사를 전했다.
나도 3년 동안 내 아픔과 반복되는 얘기들을 들어줬던
선생님께 진심으로 감사한 마음을 표현했다.
돌아오면서 가족 모두 점심 식사를 아주 맛있게 했다.
식사를 하며 내가 다시 예전의 모습을 회복한 것과
하나님께서 살아 계신 것을 찬양했다.

다음 날 새벽, 나는 행신동 햇빛마을 아파트 옆에 있는
한 장로교회의 새벽예배에 갔다.
전날 나와 가족들은 엄청난 자연 현상을 목격했기에

목사님의 설교 내용이 궁금했다.

정말 하나님은 신실하셨다.

내 궁금증을 바로 다음 날 목사님을 통해

깨닫게 해주셨다.

설교는 하나님이 하나님 자신을

주의 자녀들에게 나타내시는 방법에 관한 것이었다.

목사님은 하나님께서 '자연 계시'와 '특별 계시'를 통해

우리에게 하나님을 알게 하신다고 하셨다.

당시 나는 말씀 노트에 설교 내용과 감동적인 성경 말씀을

꼼꼼하게 적는 습관이 있었는데,

그때 목사님의 말씀을 하나도 놓치지 않으려고

애쓰며 기록했던 기억이 난다.

"하나님을 아는 수단 중에 '자연 계시'는

하나님이 만드신 만물을 통해 분명하게 보여주신다.

시편에 하늘이 하나님의 영광을 선포하고 궁창이

그의 손으로 하신 일을 나타낸다고 말씀하셨다(시 19:1).

또한 번개(겔 1:13; 계 4:5; 계 16:18)는

하나님의 임재를 묘사하는 것으로 시편 97편 4절에

그의 번개가 세계를 비추니 땅이 보고 떨었다고

말씀하신 것처럼 하나님은 자연을 통해

인간에게 신성(神性)을 자각하게 만드신다.

'특별 계시'는 신구약 성경을 통해서

구원에 이르는 방법을 보여주는 계시이다."

나는 목사님의 설교를 들으며

전날에 일어났던 일들이 이해가 되었고,

하나님께서 나와 우리 가족에게

자연 계시를 통해 직접 역사하셨다고 믿게 되었다.

한편 나는 기대가 되었다.

'하나님께서 결혼 7주년 기념일에 아기를 주겠노라고

약속하셨는데 과연 내가 임신할 수 있을까?'

분명히 아기를 주신다고 하셨고

믿음으로 받았는데도 자신이 없었다.

'임신을 하고 나서 내 몸의 변화를 감당할 수 있을까?

하루라도 잠을 못 자면 다시 수면제를 먹어야 되는데,

탈리도마이드 성분 때문에 기형아를 낳으면 어쩌지?'

나는 불안감에 또 휩싸였다.

그런데 갑자기 내 안의 성령께서 말씀하셨다.

'걱정하지 마라, 네게 건강하고 지혜롭고

총명한 아이를 주겠노라.'

확신이 있는 음성을 들려주셨다.

하나님께서는 기도 가운데 나와 함께하셨다.

'정말 내가 임신할 수 있을까?

그래, 임신이 문제가 아니라 지속이 문제야.

어떻게 280일을 견딜 수 있을까? 난 자신이 없는데….'

또 불안한 마음이 들었다.

그런데 이상하게 내가 부정적인 생각만 하면

입에서 방언 통변이 나왔다.

"사랑하는 딸아! 걱정하지 마라,

너는 지혜롭고 총명하고 건강한 아이를 낳게 된단다."

또 가끔은 강한 진동으로 성령의 보호하심을 느낄 수 있었다.

나를 보호하고 계시다고 생각하니 힘이 났다.

정말 하나님의 말씀대로 결혼 7주년에 임신이 되었고,

기적처럼 임신 초기를 잘 넘겼다.

불안한 마음이 들면 또다시 성령께서

강한 확신과 임재로 보호해주셨다.

2

내게 일어난 이런 일들은 지금도 믿기가 어렵다.

난 정신이 이상한 사람이 아니다.

오히려 이성적이고 논리적인 사람이다.

학부 학위 두 개, 석사 학위 두 개, 박사 학위 두 개를 따고

여러 전문가 자격증을 가진,

세상적으로는 내 영역에서 인정을 받는 사람이다.

나는 공부에 있어서는 정말 치열하게 살아왔다.

그런데 다른 사람도 아니고 내게

이런 하나님의 역사가 일어났으니

아무리 의심이 되어도 믿을 수밖에 없다.

나는 정말 의심이 많다.

성령의 역사가 일어나면

성경에 관련된 말씀이 어디에 있는지 꼭 비추어보았다.

그리고 사도 바울이 성령에 대해 논한 부분을

얼마나 많이 읽었는지 모른다.

그리고 성령께서 말씀하신 것을

그대로 믿지 못하고 계속 의심했다.

'과연 이것이 하나님께로부터 온 것인가?

혹시 사탄이나 미혹의 영이 나를 넘어뜨리기 위해

위장하고 온 것은 아닌가?'

그런데 그때 주님께서 말씀하셨다.

'너는 앞으로도 계속 나를 의심할 거야.'

그래서 내가 말했다.

'아니요, 십 년 정도 지나면 의심하지 않게 되지 않을까요?'

그랬더니 주님께서 말씀하셨다.

'아니, 너는 앞으로도 계속 나를 의심할 거야.'

나는 십 년 전이나 지금이나 내 안에 계신

인격적인 성령님을 온전히 신뢰는 하지만

말씀하신 부분은 꼭 성경 말씀에 다시 비추어본다.

주님께서 어떤 말씀을 하시면 성경부터 찾아본다.

성령님께서 내 눈높이에 맞춰 말씀을 주셨어도

성경 말씀을 통해 일치 여부를

확인한 후에 암송하거나 마음판에 새겨두니

믿음의 확신이 배(倍)가 되었다.

그것이 반복되다 보니 그런 성경 말씀의 해석이

내 신앙의 성장에 도움이 되었다.

주님은 정말 인격적이고 온유한 분이셔서
내 이런 성격을 책망하지 않으시고 인정해주시며
말씀을 통해 확인하는 내 습관을 존중하고 이해해주셨다.
실제적인 하나님, 인격적인 예수님, 실존하시는 하나님이
나와 함께하고 계시다는 것이 정말 든든했다.
성경 말씀을 보면 하나님은 먼저
성령님을 통해 미리 말씀해주신다.

진리의 성령이 오시면 그가 너희를 모든 진리 가운데로 인도하시리
니 그가 스스로 말하지 않고 오직 들은 것을 말하며 장래 일을 너희
에게 알리시리라 요 16:13

창세기부터 요한계시록까지 보면
하나님께서 쓰시는 모든 사람들에게는
지혜와 계시의 영을 주심으로 먼저 말씀하신다.

주 여호와께서는 자기의 비밀을 그 종 선지자들에게 보이지 아니하
시고는 결코 행하심이 없으시리라 암 3:7

그리고 하신 그 말씀을 이루신다.
다시 말해 진리의 성령이 오시면
먼저 우리에게 하나님의 계획을 깨닫게 해주신다.

성경의 인물들을 보면 하나님께서 일하시는 방식을 알 수 있다.

먼저 하나님의 말씀의 선포가 있고

그다음에 그 분량에 맞게 광야의 훈련을 거치게 하신다.

여러 가지 시험을 거친 후에 결국에는 하나님께서 말씀하신 대로

언약의 성취가 이루어지게 하신다.

그런데 많은 사람들이 광야의 훈련을

거치면서 넘어지고 시험에 들어 낙심하거나

심한 경우에는 하나님을 원망하고 떠나기까지 한다.

잊지 말아야 할 것은 어떤 상황에도

하나님은 사랑의 하나님이시고

우리를 위해 가장 사랑하시는 외아들 예수 그리스도를

아끼지 않으시고 주셨다는 사실이다.

우리를 위해 죽기까지 사랑하신

예수님이 우리와 함께 있는 한

우리는 눈앞의 현실을 바라보고 포기하면 절대 안 된다.

하나님의 언약을 이루는 그날까지

오해와 편견과 질시는 당연히 따라올 것이다.

처음에는 그 연단이 힘들고

'왜 나만 이런 고난을 겪나'라고 힘들어 할 수도 있다.

그러나 그것이 내게 축복이었음을

광야의 훈련이 지난 후에 고백할 수 있다.

나 역시 주님이 '내가 이렇게 할 거란다'라고

말씀하셔도 내 현실을 생각하며
'그건 불가능한 일인데 어떻게 그럴 수 있지'라고
생각할 때가 많다.
그러면 주님께서 말씀하신다.
'너는 할 수 있단다. 능력 주신 자 안에서 모든 것을 할 수 있다.'
그러면 나는 또 의심을 한다.
'아니에요, 난 할 수 없어요.'
그러기를 얼마나 많이 반복했는지 모른다.
주님은 그럴 때마다 내가 쓰러져 있으면 일으켜 세워서
말씀하신 것을 이룰 수 있도록 하셨다.
학부, 석사, 박사 과정을 한 번씩 하는 것도 쉽지 않은데
나는 모든 학위를 두 개씩 했다.
이것이 내 힘이 아니었음을 이제는 안다.
처음에는 내가 열심히 해서 할 수 있었다고 생각했다.
그러나 그것이 아님을 이제는 안다.
내 힘이 아니라 주님이 주신 힘이었고,
주님이 쓰신 것이고, 주님이 하신 것이었다.
불교 경전으로 교육학 석사 학위를 받고 난 다음에
또다시 아동복지 석사 과정을 밟고
아동심리치료 전공으로 박사 학위를 받았다.
당시 나는 아동복지를 공부하고
아이들을 행복하게 해주는 학문에 신경을 썼다.

세상을 좀 더 행복하게 해주는 인류 복지에 관심을 가졌고,
크리스천 지도 교수님을 만났다.
교수님은 내게 하나님을 전해주셨다.
내가 불교 경전으로 석사 논문을 썼다고 하자
성경에도 좋은 말씀이 많이 있다며
내게 성경과 하나님을 알게 해주셨던 고마운 분이다.
　지금은 막내 여동생인 정희의 시어머니가 되셨다. 교수님의
　아들은 막내 제부가 되었다. 그들은 현재 미국에서 전문성을
　가지고 신실하게 살고 있으며, 장차 이스라엘 선교에 헌신하
　기로 작정하고 꿈을 키워 나가고 있다.

나는 박사 수료를 하고 나서 미국 유학 준비를 했었다.
당시 하나님께서 미국의 유명한 한 대학에서
박사 과정을 하라는 마음을 주셨다.
그 대학의 교수를 만나고 토플과
미국 대학원 입학시험인 GRE 시험을 보느라
거의 2년 동안 매달려 공부해서 원하는 점수를 받았다.
그런데 모든 준비를 마쳤을 때
남편이 미국에 가는 것을 원하지 않았다.
자신과 아이는 한국에 남겠다고 하며
나 혼자서 유학을 갔다 오라고 했다.
나는 자신이 없었다.

'유학을 가면 박사를 받기까지
5년 이상이 걸릴 수도 있는데 어떻게 해야 하나?
핏덩어리인 아이를 남겨두고
혼자서 공부를 하고 올 수 있을까?'
나는 어쩔 수 없이 그토록 원하던 유학을 포기하고
다시 복학 신청을 해서 국내에서 박사 과정을 마쳤다.
원래는 한국에서 박사 과정 수료만 하려고 생각했었다.
그때 만약 하나님의 말씀에 순종하고
끝까지 남편을 설득하여 미국 유학길에 올랐더라면
내 인생이 어떻게 달라졌을지 가끔 생각해본다.

3

박사 과정을 마칠 즈음
하나님께서 한 가지 명령을 내리셨다.
당시 나는 그리스도대학교 보육교사교육원의
전임 교수로 있었는데 교수와 박사를 모두 내려놓고
신학을 공부하라고 하셨다.
'하나님, 저보고 신학을 하라고요?
어느 대학에 가라는 말씀이신가요?'
주님은 내게 계속 기도하라고 하셨다.
그때 교회에 새로운 목사님이 오시면서
40일 특별새벽부흥회 기간이 시작되었다.
나는 이 제목을 놓고 기도하기 시작했다.
그런데 39일째가 되도록 특별한 응답이 없었다.
어느 신학대학에 가야 할지 정할 수도 없었다.
그래서 나는 총신, 장신, 순복음, 감신, 침신, 성결교 등

기독대학의 이름을 일일이 말하며 기도했다.

그런데 하나님은 계속 '노'(No)라고만 하셨다.

특별새벽기도회의 마지막 날에 주님께서 말씀하셨다.

'너와 네 남편은 생명이 죽은 영혼을 살리는 사람이 되라.

네 남편은 생명이 죽은 곳에 가서

생명을 살리는 사람이 되라.'

'그곳이 어디인가요?'

'삼풍백화점이 무너진 곳이다.

그곳에 가서 네 남편은 한의원을 하고,

너는 선교사의 심정으로 연세대학교로 가라.'

'네? 연세대학교요?'

'그렇다. 그곳에 가서 신학을 하라.'

'연세대에 신학과가 있었나요?'

그때까지 신학과는 기독교 교단의 학교에만 있는 줄로 알았다.

종합대학교 안에 신학과가 있다는 것은 생각하지 못했다.

그 학과를 졸업한 사람을 개인적으로 만난 적도 없었다.

나는 합동측의 교회를 다니고 있어

총신대학교 출신의 목사님들이 대부분이셨다.

그런데 하나님은 연세대 신학과에 가라고 하셨다.

나는 당연히 대학원 과정인 줄 알았다.

그런데 대학원이 아니라 학부로 들어가라고 하셨다.

한번도 생각해보지 못한 뜬금없는 이야기였다.

'박사까지 하고 다시 학부에 들어가라니요?

저는 못해요! 지금 아기도 어리고,

체력도 달리고, 학부로 들어가면

중간, 기말고사를 보고 학점을 따야 하고

어린 학생들과 지내면서 강의도 들어야 하고

엄마와 주부 역할도 해야 하는데 그럴 수 없어요.'

하나님께 내가 할 수 없는 이유에 대해 말씀을 드렸다.

그러나 주님은 반드시 그곳에 가야 한다고 하셨다.

나는 다시 기도했다.

'하나님, 제가 그곳에 가야 하는 이유를 말씀해주세요.

그러면 순종하겠습니다.'

하나님께서 말씀하셨다.

'지금 내 자녀들이 내가 세운 학교에

하나님의 일꾼을 보내달라고 기도하고 있다.

너는 그들의 기도 응답이라.

내가 새 일을 행할 것이니 그리로 가라.

내가 너를 그곳에 증인으로 보낸다.'

'아…, 어떻게 해야 하나?

난 신학은 공부한 적이 없어서 아무것도 모르는데.

내 전공도 아니고 새로운 영역에서

어린 학생들과 또 공부를 하라니….'

박사 체면이 있는데

잘 따라갈 수 있을까 하는 불안한 마음도 있었다.
'합격이나 할 수 있을지 모르겠다.
교수들이 날 받아줄지, 입학시험을 잘 볼지도….'
두렵고도 떨리는 마음이 있었다.
하지만 우리가 아무리 도망쳐도
하나님께서는 계획하고 뜻하신 바를
반드시 이루신다는 것을 깨달았다.

특별새벽기도회의 마지막 날,
남편에게도 숙제가 떨어졌다.
당시 잘 운영되고 있는 한의원을 정리하고
잘 알지도 못하는 서초동에 개업하라고 하셨다.
참 받아들이기가 어려웠다.
그러나 결단해야 하는 순간이 왔다.
그날 새벽기도를 다녀와 남편을 깨워 말했다.
"우리 삼풍백화점이 무너진 곳으로 한번 가봐요.
진짜 상가가 있는지 가보자고요."
당시 삼풍백화점 뒤에 있는 삼풍아파트에
둘째 동생 자현이가 살고 있었다.
먼저 나는 동생한테 전화를 걸어서 물었다.
"얘, 삼풍백화점이 무너진 곳에 지금 뭐가 있니?"
동생은 아침부터 언니가 이상한 얘기를 한다고 했다.

"혹시 거기 지금 분양하고 있는 상가가 있니?"

"응, 언니, 거기 주상복합 건물이 있기는 한데

분양은 이미 오래전에 끝났어.

나도 그 건물에 들어가기로 했어."

"주상복합 상가가 있다는 말이지?"

나는 남편과 함께 바로 그곳에 가봤다.

그 앞에 있는 부동산에 가서 물어봤더니

상가 분양은 일반 부동산에 내놓지 않고

시행사에서 직접 관할한다고 했다.

나는 시행사 사무실로 찾아갔다.

그런데 이미 분양이 다 끝났고

한의원 자리도 분양이 끝났다고 했다.

'이상하다. 하나님께서 거기에 들어가라고 하셨는데….'

그래서 다시 물었다.

"그럼 계약이 다 끝났나요?"

"저쪽 안에 클리닉 존(clinic zone)에 자리가 있어요.

사실은 3년 전에 그곳을 계약하기로 한 사람이

외국에 나가 있어서 오랫동안 계약을 못하다가

오늘 오후 1시에 계약하러 온다고 했어요."

하나님의 섭리가 분명히 있을 거라는 생각이 들었다.

마음에 확신이 들었다.

'그건 우리 것이다.'

그래서 내가 말했다.

"그 분이 1시에 와서 계약하면 우선권을 주시고요,
만약에 계약하지 않으면 저희에게 차선권을 주세요."

나는 계약금이 얼마인지 물어보고 계약금을 마련해서
오후 5시에 대기하고 있다가
5시 10분에 그 사무실로 들어갔다.

"1시에 계약이 끝났나요?"

"아니요."

계약이 이루어지지 않았다고 했다.

"그럼 저희에게 그 계약 건을 주시죠."

그런데 명품관의 그 자리가 중요한 요지이기 때문에
줄 수 없고 다른 곳을 계약해야 한다고 했다.

'하나님, 어떡할까요?
명품관 자리가 한의원 자리라고 하셨는데
한의원을 할 수 없다고 하네요.'

걱정하지 말고 계약하라는 마음을 주셨다.

그래서 클리닉 존에 있는 상가를 계약했다.

하나님께서는 명품관 자리도 같이 계약하라고 하셨다.

아파트를 팔아 양쪽에 분양 계약을 했다.

그 일이 남편과 내가 처음으로 물질적인 어려움을 겪는
출발점이었다는 것을 그때는 몰랐다.

계약을 하고 시행사인 D그룹에서 안쪽에 있는 자리에는

한의원을 열 수 있게 허가해줬지만
명품관 쪽에서는 하지 못하게 했다.
　지금처럼 명품관 자리에 한의원을 할 수 있도록 처음부터 허
가해줬더라면 큰 어려움이 없었을 텐데 아파트를 팔아서 상
가 두 개를 분양받고 잔금과 중도금까지 치르고 나니 남은
돈으로 한의원을 열기까지 매우 어려웠다.

명품관 자리를 어떤 목적으로 사용해야 할지 고민하다
시간이 흘러 연체료가 쌓여갔다.
일 년이 지나니 빚이 눈덩이처럼 불어났다.
'하나님, 어떡할까요?'
하나님은 계속 말씀하셨다.
'너희 한의원은 이 자리가 아니라 명품관이라.
그곳을 지키려고 이곳을 계약하게 한 것이니 기다려라.
빚과 이자와 연체료는 신경 쓰지 말고 기다려라.
이곳은 앞으로 내 자녀들이 온전한 치유와
회복을 하는 곳이며, 나를 만나는 영적 교회요,
선교 센터의 역할을 하게 될 것이다.
내가 네게 지금 있는 그 자리와 옆자리를 줄 것이라.'
빚은 점점 늘어갔지만
남편과 나는 말씀에 순종하며 기다렸다.
계약한 두 곳은 B동 119호와 134호였다.

119호는 명품관의 자리, 134호는 클리닉 존의 자리였다.

119호의 중도금을 치르고 잔금 7억 원이 모자랐다.

'하나님, 어떻게 할까요?'

하나님은 당시 그곳을 계약할 때 한 장로님에게

  지금은 목사님이 되셨다.

그 돈을 빌려줄 수 있는지 물어보고

그가 그러겠다고 하면 그에게 가라고 하셨다.

그때까지 남편과 나는 은행 대출도 모르고

남에게 돈을 빌려본 적도 없어서

돈 얘기를 하는 게 쉽지 않았지만

주님의 말씀대로 그 장로님에게

7억 원을 빌려줄 수 있는지 물어보았다.

장로님은 빌려줄 수 있다고 했다.

김 모씨가 꿔간 돈이 정확히 7억 원이라며

그 돈이 들어오면 꼭 빌려주겠다고 했다.

'아, 하나님의 응답이 맞구나.

저 분이 우리가 필요한 정확한 금액을

빌려주신다고 하니 계약을 해야겠다.'

그 분의 말을 믿고 아파트를 팔아

상가 양쪽에 나눠서 중도금까지 지불했다.

그러나 장로님으로부터 약속된 돈은 송금되지 않았다.

돈을 꿔간 사람으로부터 돌려받지 못해서

빌려주지 못하는 거라고 했다.

우리는 기다리다 지쳐서 어쩔 수 없이
당시 의사들에게 아주 저렴한 가격으로 대출을 해줬던
한 은행으로부터 엔화 대출을 받기로 했다.

그 사이에 재미있는 일이 생겼다.

명품관 119호 자리에 한의원을 할 수 없다고 했는데
D그룹 회사의 대표이사가 바뀌었다.

당시 다른 그룹의 대표이사로 있던 분이
D그룹의 대표이사로 오게 된 것이다.

그 분은 그 지역의 영혼을 위해서 기도하며
신실한 신앙생활을 하셨던 권사님의 남편이셨다.

그 분이 우리의 소식을 듣고
"명품관 자리에 한의원을 못하라는 법이 어디에 있느냐"며
명품관 119호에 한의원을 할 수 있도록 배려해주셨다.

그래서 계약을 다시 했다.

그리고 134호는 중도금까지 냈지만 포기하기로 했다.

큰 재산상의 손해가 났지만 그대로 뒀다가는
연체료가 붙어 더 난처한 일이 생겼을 것이다.

눈앞에서 수억 원의 손해를 보고
아파트 두 채가 날아갔음에도 눈 하나 깜짝하지 않았다.

나와 남편은 그때까지 세상적인 어려움을 몰랐고,
자라면서 물질적인 고통을 겪어보지 못해서

'돈은 또 벌면 된다'고 단순하게 생각했다.

20억 원이 넘는 손해를 봤지만 크게 염려하지 않았다.

그만큼 세상 물정을 몰랐다.

　그 후 한의원을 열기까지 4년이나 더 걸렸다.

4

삼풍백화점이 무너졌던 곳에 새롭게 세워진 것이
지금의 아크로비스타 건물이다.
그곳에 와서 기도하던 어느 날,
하나님께서 더 이상 고양시에 있는 한의원에
가지 말라고 또 명령하셨다.
　당시 남편은 고양시 능곡에서 한의원을 하고 있었는데 병원
　이 잘되어서 부원장을 두고 출퇴근을 했다.
남편을 애굽 땅에 더 이상 들어가게 하지 말라고 하셨다.
서초동에 한의원을 열 때까지 기도로 기다리라고 하셨다.
남편은 목사님들이 신학을 공부하는 곳에 가서
열심히 말씀을 들으며 성경을 깊이 공부했다.
남편은 성경 말씀을 보는 깊이가 점점 더해지면서
마치 신실한 목사님처럼 달라지기 시작했다.
남편은 그곳에서 계속 신학 공부를 하며

후배에게 맡겨두었던 한의원에 가끔씩 나갔다.

돈을 벌고 또 가져오기 위해서.

그러던 어느 날 하나님께서 내게 경고하셨다.

그동안은 내게 늘 축복의 말씀만 주셨는데

갑자기 무서운 경고의 말씀을 하셨다.

'네 남편이 내 말을 한 번만 더 어기고

그 한의원에 다시 나갈 때는 그의 환도뼈를 꺾겠다.'

한의원에 가려면 자유로를 이용하는데

특히 그곳은 사망 사고가 많이 나는 곳이어서

갑자기 무서운 생각이 들었다.

나는 남편에게 가지 말라고 했고,

하나님께 기도 가운데 그 이유를 여쭈었다.

'하나님, 왜 남편이 그곳에 가면 안 되나요?'

하나님의 답은 간단명료했다.

'내 사랑하는 자녀들, 의인들의 피가 흐르는 곳이다.

원수 된 자의 땅에 있지 마라.'

나는 한의원의 주소를 들고 한 교회사 교수를 찾아갔다.

그 교수님이 내게 말했다.

"여기요? 능곡 토당동…, 여기 모르세요?"

"네, 왜요?"

"토당동에서 일어났던 국민보도연맹 사건을 모르세요?

그곳은 6·25때 사상범들을 끌어다가 죽였던 곳이에요.

인민군들이 사상 전쟁할 때 밀고자들이
무고한 주민들을 끌어다가 사상범이라고 누명을 씌워서
당시 어마어마한 수의 사람들이 끌려와서 죽었어요.
여기 안개가 많이 끼죠? 아마 수천 명이 죽었을 거예요."
나는 소름이 돋았다.
그런 역사적 사건을 몰랐던 나는 그 얘기를 남편에게 했다.
그랬더니 그도 내게 말했다.
"응, 오늘 내게도 재미있는 일이 있었어.
한의원 옆의 초등학교 교장 선생님이 찾아오셔서
'김 원장, 여기가 어디인 줄 알아요?
사람들이 많이 죽은 곳이에요.
6·25 사변 때 많은 주민들이 총살을 당했어요.
그 뼈가 이 땅 밑에 다 있다오' 하시는 거야."
내가 들었던 것과 동일한 이야기를 했다.
그래서 나는 남편에게 말했다.
"두 번 다시 가지 말고 하나님께서 하라는 대로 해요.
돈을 못 벌더라도 채워주시겠지."
그렇게 남편과 나는 서초동에서의 생활을 시작했다.
남편이 벌어다주는 수입이 없으니
내가 버는 것으로 생활해야 했다.
당시 내가 번 돈으로 온 식구가 매달려야 했다.
아기를 봐주는 아주머니의 월급과 유치원비와

집세를 내고 나면 정말 힘들었다.

물론 사람들마다 환난을 경험하는 정도가 다르지만

나로서는 늘 풍족한 삶을 누리다가

난생 처음 재정의 쪼들림이 어떤 것인지를 알게 되었다.

마음 같아선 남편에게 빨리 한의원을 하라고 재촉하고 싶었지만

개원을 할 수 있는 여건도 안 되고

하나님의 허락이 떨어질 때까지 기다려야만 했다.

얼마나 많은 시간 동안 가슴을 졸였는지 모른다.

만 3년이 지나고 나서 드디어 새 계약서를 쓰고

오랜 기다림 끝에 한의원을 열게 되었다.

개원 후에도 많은 일들이 있었다. 현실과 순종 사이에서 적지 않은 갈등이 있었지만, 우리 부부는 순종을 선택하기로 했다. 순종의 길은 십자가만 바라보고 가야 하는 좁고 어려운 길이었다. 그러나 하나님의 개입이 지금까지도 기적과 같은 은혜로 이어지고 있고, 남편의 한의원과 관련해서 하나님께서 행하셨던 모든 과정은 아마도 《예정2》에 자세히 소개될 것 같다.

한편 나는 하나님의 말씀대로

연세대 신학과 졸업생이 되었다.

나는 그동안 열심히 살아왔고

불교 영역도 나름 의미가 있었다고 생각하지만

하나님께서는 이전 것은 기억하지 말고
하나님이 주시는 새 이력으로 다시 시작하라고 하셨다.
'연세대는 새로운 네 모교이다.
선교사의 학교가 이제는 네 학교가 되었으니
이 학교를 위해 헌신하라.'
그러면서 하나님은 또 말씀하셨다.
'내가 너를 위해서 이 학교의 행정을 바꾸고 있다.'
당시 나는 그것이 무슨 의미인지 잘 몰랐다.
비록 나이는 나보다 어리지만 단짝 친구들이었던
몇 명의 아이들과 함께 재미있는 학교생활을 보냈다.
오랜만에 학생이 되어 보니 그들의 심정도 알 수 있었다.
아이들과 똑같이 밤을 새가며
어렵고 낯선 신학 용어를 공부하고
토론할 것을 준비하고 리포트를 쓰다 보니
선생으로서 함부로 학점을 줬던 것이 반성이 되었다.
'이렇게 열심히 공부하는 학생들에게
학점을 정말 신중하게 주어야겠다.'
그리고 학생들의 눈높이에서 보니
학교 행정, 학과의 커리큘럼 등이 새롭게 보였다.
친절한 교직원 또 교수의 수업 방식 등도
새로운 관점에서 눈에 들어오기 시작했다.
학교가 학생들을 위하는 것이 무엇인지를

철저하게 깨달아가는 시간이었다.
그렇게 학부생이 되어 공부하는 동안
하나님은 참으로 많은 은혜를 주셨다.
배우고 가르치며 또 프로그램을 맡으며
1인 다(多)역을 하고 있었다.
바쁘고 정신없는 상황에서도 최선을 다할 때
하나님은 보너스로 수석 장학금을 받게 하시고
내게 큰 기쁨과 보람을 느끼게 하셨다.
하나님께서는 내가 학부생의 삶에 대해
순종했을 때 누릴 수 있는 기쁨을 주셨다.
만일 그때 순종하지 않고 내 마음대로 결정했다면
지금 내 삶은 어땠을까?
또 다른 삶이 펼쳐졌겠지만
그때 순종하기를 참 잘했다는 생각이 든다.

가시면류관

가시관을 엮어 그 머리에 씌우고 갈대를 그 오른손에 들리고
그 앞에서 무릎을 꿇고 희롱하여 이르되
유대인의 왕이여 평안할지어다 하며 마 27:29

6장

코칭의 길로

인도하신 하나님

I

신학대학에 다니며 교단이 각각 달랐던 것과
에큐메니칼(Ecumenical) 사상 등이 낯설기도 했지만
그 안에서도 신실한 사람들을 만날 수 있었고
나름대로 참 감사한 하루하루를 보냈다.
연세대 신학대에 편견과 선입견을 갖고 있던 사람들은
내가 한 달도 견디지 못하고 뛰쳐나올 거라고 했지만
정말 재미있고 감사하게 학부 과정을 잘 마쳤다.
또 존경할 만한 멘토 교수님도 그곳에서 만날 수 있었다.
바쁘신 분이라 가끔 만나 좋은 말씀을 들었지만
그 분의 말씀이 내 삶에 강한 영향을 끼쳤다.
특히 설교할 때 군더더기 없이
성경 말씀으로만 설교할 수 있도록 가르치시는
모습이 참 인상 깊었다.
그렇게 시간이 흘렀고 졸업을 하게 되었다.

'하나님께서 왜 이곳에서 신학을 하게 하셨을까?
왜 언더우드 선교사의 심정으로 헌신하라고 하셨을까?'
주님은 내가 해야 할 새 일이 예비되어 있음을 말씀해주셨다.
'나는 외국에서 박사 학위를 받은 것도 아니고,
전공이 신학도 아닌데 어떻게 이 학교에서 일을 하지?'
그런데 재미난 일이 생겼다.
연세대 연합신학대학원에 코칭아카데미가 생긴 것이다.
나는 당시 학부대학 리더십센터 수석코치를 맡아
학생들을 대상으로 멘토링 지도를 하고 있었다.
그런데 한 교수님이 리더십센터의 소식지에
실린 나에 대한 기사를 보고 말했다.
"코칭하세요? 이번에 연신원에 코칭아카데미가 생기는데
책임 교수를 뽑는다고 하니 한번 알아보세요."
나는 깜짝 놀랐다.
'우리나라에 코칭 프로그램은 아직 전무후무한데
여기 대학원에 코칭아카데미가 생긴다고?'
나는 가슴이 콩닥콩닥 뛰었다.
'하나님이 말씀하신 새 일이 이것일까?'
순간 하나님의 놀라운 인도하심이 있다는 생각이 들었다.
'앞으로 너와 내 자녀들을 위해,
그리고 내 일을 위해 이 학교의 행정을 바꿀 것이다.'
그렇게 먼저 말씀해주셨는데 진짜 그런 일이 생겼다.

'새로운 시작을 위해서 준비케 하는 것이니
너는 작은 일, 작은 분량이지만 충성을 다하라.'
그 후 정말 코칭아카데미가 신설되었고,
나는 책임 교수로 임명되어
첫 학기에 코칭아카데미를 찾아온 사람들을 만날 수 있었다.

2007년에 우리나라 최초로 비즈니스 코칭 과정과
목회 코칭 과정이 시작되었다.
나는 2007년 2월에 연세대 신학대 학부를 졸업하고,
그해 3월에 연세대 연합신학대학원 코칭아카데미의
책임 교수가 되었다.
세상적으로 보면 학과 전임 교수도 아니고,
비학위 과정 프로그램의 책임 교수이니
대단한 자리로 보이지 않을 수 있다.
하지만 하나님께서 언약 가운데 주신 직분이므로
내게는 정말 귀한 자리였다.
그래서 내가 할 수 있는 최선을 다했다.
연구실에서 밤늦게까지 일하며
코칭 과정의 프로그램에 대한 내규를 짰고
아직 코칭에 대한 인식이 자리 잡히지 않았을 때라
교수님들에게 코칭에 대해 알리려고 애썼다.
연신원 원장님도 코칭 프로그램에

많은 관심을 기울여주서서 큰 힘이 되었다.

또 자리를 막 잡아가고 있는

사단법인 한국코치협회와도 연계하여

어떻게든 코칭을 보급하려고 노력했다.

　한국코치협회가 10주년을 넘겨 성장하는 모습을 보고 있노라
면 '코칭'이란 이름을 조금이라도 알리는 데 기여했다고 자부
한다. 그것을 인정 받아 한국코치협회에서 주관하는 2013년
제10회 한국코치대회에서 '올해의 코치상'을 수상하기도 했다.

그 힘은 미약했겠지만

그렇게 코칭 사역을 시작했다.

그런데 연신원 코칭아카데미에서의 7년의 사역이 끝나고

내게 안면신경마비 증상이 나타났고,

또 내부적으로 어떤 일들이 일어났다.

　그 일들은 하나님께서 허락하실 때 소개할 것이다.

7년의 사역이 끝나고 내게 안식할 수 있는 시간을 주신

하나님께 감사했다.

그 시간 동안에 느끼고 깨달은 것이 정말 많았다.

앞으로 하나님께서 나를 어떻게 인도하실지 잘 모른다.

다만 내게 언약하신 것을 믿고 기다리고

인내하며 준비할 뿐이다.

나는 코칭아카데미 일을 내려놓고

안식년을 맞아 영국에 가게 되었다.
그곳에서도 한인 부부를 코칭하게 되었는데
한때 한국에서 굉장히 잘나가던 기업의 회장 부부였다.
IMF 때 회사에 부도가 나서 영국에 오게 되었다고 했다.
힘들게 살아왔던 그들은 코칭을 통해 회복되었다.
마지막 코칭 시간에 회장님이었던 남편 분이
내게 했던 이야기가 아직도 기억에 남아 있다.
"왜 이 좋은 것을 학교의 울타리 안에 가둬두고 계세요?
정말 굉장히 좋은데….
많은 사람들이 누릴 수 있게 해주시면 더 좋겠네요."
나는 그 얘기를 듣고 깊이 생각해보게 되었다.
코칭은 개인과 조직의 변화와 성장을 가져오게 하는
전문화된 대화법이다.
상담은 아프고 치유가 필요한 사람들이
회복할 수 있도록 심리적인 안정을 주는 대화법인데 반해
코칭은 변화되고 싶은 사람,
달라지고 싶은 사람을 위한 대화법이며
그들이 미래에 나아가기 원하는 목적을 향해서
꿈을 이뤄줄 수 있도록 도와주는 대화법이다.
과거의 문제를 극복하고 현재를 건강한 상태로
만들어주는 것은 상담의 영역이고,
현재 변화의 의지가 있는 사람을 대상으로

미래의 목적과 목표를 이룰 수 있도록
도와주는 것이 코칭이다.
나는 코칭을 하며 하나님께서 내게 이 일을
할 수 있게 해주신 것에 대해
늘 놀라움과 감사한 마음을 갖는다.
이 좋은 코칭을 일반인들에게 보급해야 한다는 것과
그동안 내 인생이 학교의 울타리를
벗어나본 적이 없다는 것을 깨달았다.
그래서 나는 기도하기 시작했다.
'하나님! 앞으로도 제 사역이
평생 학교 안에 있어야 하는,
학원 선교사로 파송된 것이라면,
잠시 세상에서 많은 사람들을 만나기를 원합니다.
선교사들을 도울 수 있는 일들을
제게 허락해주신다면 감당하겠습니다.'
기도 가운데 하나님께서 그 일들을
내가 감당하도록 인도하셨다.
드디어 '서우경 코칭연구소'가 시작되었다.
연구소를 통해 내게도 새로운 삶이 열렸다.
하나님께서 말씀하셨다.
'너는 아무것도 염려하지 말고,
내가 인도하는 땅에서 잠시 그 일을 감당하도록 하라.'

하나님은 삼풍백화점이 무너진 곳에서
전망 좋은 장소를 마련하여 연구소를 시작하도록 하셨다.
그리고 코칭 업계에서 전문성을 갖춘 훌륭한 코치들을
많이 모아주셨고 그들과 협력하게 하셨다.
앞으로 주님께서 내 삶을 어떻게 인도하실지 알 수 없지만
학교 밖에서의 이 일 또한 사회와 국가를 위해
분명히 쓰임이 있다고 생각한다.
그리스도인들은 영적인 부분만 훈련해서는 안 된다.
경쟁력을 가지려면 반드시 전문성을 갖춰야 한다.
자기 전문성을 인정받지 못하면
영성마저도 폄하되는 세상이 되었다.
그래서 나는 제자들에게 강조한다.
"너희들이 정말 그리스도인으로서
하나님께 영광을 올려드리는 삶을 살고 싶다면
전문성을 최고로 갖추기를 바란다."
이런 생각이 위화감을 조성할 수도 있고,
어떤 이들에게는 불편한 마음을 줄 수 있음을 잘 안다.
그러나 내가 전문가로서 달려온 삶이 없었다면
이 책을 통해 독자들을 만나지 못했을 것이라고 생각한다.
그리스도 안에서 영적인 체험은 다양하게 할 수 있다.
시골에 있는 할머니 성도님들,
또 많은 권사님들도 보이지 않게

귀한 영적인 체험들을 많이 하지만
개인적인 체험으로 끝날 수밖에 없는 것은
전문성의 영향력과 연관이 있다고 생각한다.
그러나 하나님 안에서 그 분들이 나보다
훨씬 더 귀한 은사를 가졌고,
더 굳건한 믿음의 소유자임을 나는 잘 알고 있다.

2

나는 정말 연약한 부분이 많다.
하나님의 은혜로 책을 쓰며,
드러나는 존재로 쓰임 받고 있지만
나는 부족하며 정말 아무것도 아니다.
자랑할 것이 하나 있다면
하나님의 은혜로 그분의 자녀가 되었고,
십자가에 못 박히신 예수 그리스도를 믿게 되었다는 것,
그것 외에는 아무것도 없다.
그리스도의 십자가 외에 내가 자랑할 수 있는 것은
아무것도 없다는 바울의 고백처럼 나 또한 그렇다.
내 목숨과 인생의 전부는 예수 그리스도이시다.
내가 주님을 만났던 그때,
주님은 우리 가족들에게 찾아와주셔서
남편과 친척들을 모두 변화시켜나가셨다.

동생들도 모두 교회에 나가게 되었고,
태어나는 조카들도 자연스럽게 하나님을 만나게 되었다.
얼마나 놀라운 은혜이며 축복인지 모른다.
그런데 한 가지 알게 된 것이 있다.

청함을 받은 자는 많되 택함을 입은 자는 적으니라 마 22:14

아무리 많은 사람들이 그리스도인으로 청함을 받아도
그 속에서 택함을 입은 자는 적다.
가족이라도, 아무리 가까운 사이여도 대신 구원해줄 순 없다.
자기 구원은 오직 하나님과의 관계 속에서만 이룰 수 있다.
많은 사람들이 교회를 드나들어도
그 속에서 주님을 온전히 만나고
천국 백성이 되는 사람들은 많지 않다.
그럼 신앙생활할 때 어떻게 해야 하는가?
영적으로 깨어 있어야 된다고 늘 말하는데
그것은 어떤 의미인가?
다시 깊이 생각해볼 일이다.

책을 쓰면서 하나님께서 행하신
놀라운 일들을 다시 한 번 하나씩 떠올려본다.
지금 이 글을 쓰는 장소는 서른세 살에

7일 금식하며 하나님을 만났고,
처음으로 주님과 교제를 시작했던
하나님의 성산 오산리기도원의 작은 기도굴이다.
내게 일어난 모든 일들이 내가 한 일이 아님을 안다.
주님의 영광을 위해서 그분이 행하신 것이다.
하나님은 내게 코칭 전문가로서
인정받을 수 있도록 많은 영광을 허락해주셨다.
남이 잘되면 내 일처럼 기뻐하고
그들이 성장하는 것을 보면
왜 그렇게 가슴이 떨리고 흥분이 되는지….
가장 친한 단짝 친구가 나보다 성적이 잘 나오면
친구가 잘한 것을 진심으로 축하하며 기뻐해주었던
내 성품이 하나님께서 나를 코치로 쓰신
이유일 거라고 생각한다.
앞서 말한 것처럼 2007년에 우리나라 대학에서는
최초로 연세대학교 연합신학대학원에
코칭아카데미 과정이 개설되었다.
나는 그곳에서 책임 교수로 재직하며
2007년부터 2013년까지 만 7년을 일했다.
작은 직분이었지만 주님이 맡기신 것이라 생각하며
나는 충성을 다했다.
연세대학교에서 신학을 공부하라고 해서

영문도 모르고 순종하여 갔는데
졸업과 동시에 내가 코칭 사역을 할 수 있도록
예비하신 하나님의 손길이 정말 놀라웠다.
연세대 학부대학 수업뿐만 아니라
코칭아카데미 수업 시간을 통해
일반 평신도부터 목사님에 이르기까지
많은 크리스천들을 만날 수 있었다.
그들이 내 강의를 통해 하나님을 더 깊이 만나고
성령충만한 고백을 할 때마다
내 영이 춤추는 것을 느끼며
날마다 하나님께 깊은 감사를 드렸다.
연세대학교는 하나님께서 순교자의 피로 세우신
하나님의 학교이다.
선교사들의 땀과 눈물과 헌신으로 세워진
많은 기독교학교들이 100년이 지난 지금,
순교의 피와 희생을 기억하고 있는지 반문해본다.
양화진에 있는 선교사들의 무덤에 갔을 때
정말 많은 선교사들이 한국에 와서
귀한 희생을 값없이 치렀다는 것을 알 수 있었다.
그들은 가난한 나라인 조선 땅에 와서
아무것도 보이지 않는 그때에 언더우드 선교사처럼
'서양 귀신'이라고 놀림 받으면서도

이 땅에 복음을 전하기 위해 눈물로 기도했다.
그 기도의 응답이 오늘날 우리가 누리고 있는
수많은 혜택과 놀라운 축복이 아닌가 싶다.
그러나 값없이 베푼 선교사들의 눈물과 헌신을
우리는 지금 어떻게 사용하고 있는가?
세상을 변화시켜야 할 우리의 직분을 망각하고
인본주의에 물들어서 오히려 세상 사람들에게
지탄받고 근심거리가 되고 있지는 않은가?
오늘날 무늬만 그리스도인으로 남은
우리의 모습을 주님은 어떻게 생각하실까?
나 역시 하나님을 전혀 모르고 살았던 사람이다.
서른세 살에 신랑 되신 예수 그리스도를
온전히 만나기 전까지 내가 누구이며
무엇을 하며 살아야 할 사람인지도 몰랐던
미약한 존재에 지나지 않았다.
그러나 하나님의 놀라우신 은혜로
그분의 자녀가 되어 크리스천으로서의
분명한 내 정체성을 깨닫게 되었다.
나는 주님이 오시는 날까지 하나님의 자녀들과 함께
합력하여 선을 이루는 도구로서
한국 교회와 세계 교회를 깨우는 일에 헌신하고 싶다.
미약하지만 나라는 존재를 통해

하나님께서 영광 받으시기를 원한다.
그러나 아무리 내가 하나님 앞에
바로 서려고 노력한다고 해도
나를 잘 알지 못하는 사람들 중에는
왜곡된 시각과 편견으로 바라보는 이들도 있을 것이다.
혹은 이단 세력이 내게 흠집을 내기 위해
이상한 소문을 내거나 황당한 일을 벌일 수도 있겠지만
내가 분명히 믿는 것은 단 한 가지다.
세상 끝날까지 우리의 신랑 되신 예수 그리스도가
악의 세력으로부터 나와 하나님의 자녀들을
지켜주실 것을 확실히 믿는다.

서자현 作, 〈생명나무〉

7장

끝까지 깨어
충성을 다하라

I

나는 기독교방송 CTS TV의 〈내가 매일 기쁘게〉라는
프로그램에서 '예정'이란 제목으로 간증을 한 적이 있다.
그 후 〈행복 코칭〉과 〈4인 4색〉에도 출연했다.
　나는 CTS가 하나님의 방송으로서 전 세계에 하나님의 순수
　복음을 끝까지 전하는 귀한 사명을 잘 감당하기를 기도한다.
2008년 겨울에 CTS의 〈내가 매일 기쁘게〉를 맡고 있는
홍주희 작가로부터 전화가 왔다.
그 프로그램은 유명 탤런트이시고 믿음이 좋으신
정애리 권사님과 최선규 아나운서가 진행하는
간증 프로그램이라고 소개했다.
나는 간증 프로그램이라는 말에
일언지하(一言之下)에 거절을 했다.
"죄송합니다. 저는 간증 프로그램에 나가지 않습니다.
일반인들에게 제 간증을 소개하기에는

저도 정리가 안 되어 좀 부담스럽습니다."

그랬더니 홍 작가가 나를 설득하기 시작했다.

본인은 원래 다른 방송국에 있던 작가였는데

CTS에 와서 마지막 프로그램을 진행하고 있다고 했다.

그런데 기도를 하면 하나님께서

꼭 나를 소개해야 한다는 마음을 주신다고 했다.

홍 작가는 내게 출연 여부에 대한 기도를 부탁했다.

나는 기도했다.

'하나님, 이 프로그램에 나가야 하나요?'

하나님께서는 내게 '반드시 나가라'라고 말씀하셨다.

'저는 나갈 수가 없어요. 무엇을 간증하나요?'

'네 이야기를 편하게 전하면 된단다.'

'제 이야기를요?

어떤 이야기를 전해야 하지요?'

'내가 만난 하나님'을 전하면 된다는 마음을 주셨다.

그런데 개인적인 이야기를 해야 한다는 부담이 컸다.

기도를 하면 주의 성령께서는

내가 아파트 7층에서 떨어진 이야기도

반드시 해야 한다는 마음을 주셨다.

그것은 죽는 날까지 가족들만 알기를 원했던 이야기였다.

그런데 그것까지 말하라고 하시니 매우 부담스러웠다.

'하나님, 그것은 제 개인적인 이야기인데

왜 그런 곳에 나가서 말해야 하죠?'

'내 자녀들에게 내가 한 일을 알리고,

그들을 깨우는 데 네 이야기가 도움이 되기 때문이다.'

나는 하나님의 말씀에 순종하기로 결단했지만

상황에서 멀어지고 싶은 마음도 들었다.

내 이야기이지만 나도 믿기가 어려운데

다른 사람들은 오죽할까 하는 생각이 들어

계속 빠져나갈 궁리를 하고 있었다.

'이런 간증 프로그램은 안 할 수 있으면 정말 좋겠어.

내 소중한 이야기를 알지도 못하는 사람들에게

말한다는 건 정말 부담스러워!'

이런 생각을 하면 주님께서 말씀하셨다.

'우경아, 그렇게 마음을 먹으면 안 된단다.'

다시 홍 작가와 통화를 했다.

"내일이 주일이니까 주일예배를 마치고

기도한 다음에 인터뷰 여부를 결정할게요.

그때까지 제 마음이 열리지 않으면 어려울 것 같아요.

그럼 예배를 마치고 전화를 드리겠습니다."

지금은 신촌장로교회에서 담임목회를 하고 있는

조동천 목사님이 당시 도곡동에 하늘샘교회를 개척하셨다.

조 목사님은 연세대 신학대학 학부 시절에

신약학 수업을 은혜롭게 해주셨고
말씀이 탁월해서 남편도 목사님의 설교를 자주 들었다.
우리는 조 목사님이 개척하신 교회를 일 년 동안 섬겼다.
어느 날 예배를 마치고 나오는데
목사님이 나를 불러 누군가에게 인사를 시키셨다.
미국의 텍사스 달라스에서 잠시 귀국한
한 여자 전도사님과 사모님이셨다.
그들은 대뜸 내게 시간이 있느냐고 물었다.
나는 갑작스러운 만남에 부담이 느껴져서
시간이 없다고 말했다.
범상치 않은 낯선 만남이 조금 당황스러웠다.
그랬더니 10분 정도만 시간을 내달라고 했다.
그래서 나는 그러자고 했다.
옆에 계신 조 목사님이 말씀하셨다.
"예전에 사역하던 교회에서 함께 일하던 전도사님이에요."
그제야 경계심을 풀고 자리에 앉았다.
마주하고 앉아 자세히 보니 그 전도사님은
인상도 좋고 신실한 분인 것 같았다.
그런데 그날 그 교회에 온 이유가 날 만나기 위해서라고 했다.
나는 깜짝 놀랐다.
"저를 아세요?"
"아니요, 몰라요. 무엇을 하는 분인지도 모릅니다."

"그런데 어떻게 저를 만나러 오셨죠?"

그랬더니 김 전도사님이 말했다.

"새벽에 기도를 하는데

하나님께서 오늘 이 교회에 가라고 하셨고요,

어떤 사람을 만나게 될 텐데

두 가지의 메시지를 전하라고 하셨습니다."

갑자기 긴장이 되었다.

나는 전도사님께 질문을 했다.

"하나님께서 만나라고 한 사람이

저라는 걸 어떻게 아시지요?"

"네, 저도 그 분이 누굴까 무척 궁금했어요.

주님께서 이 교회에 가라고 해서 온 거고요,

예배를 마치고 나오는데 자매님을 보자마자

주님이 '바로 그다'라고 가르쳐주셨어요."

나는 너무나 놀라웠다.

그리고 주님께서 전도사님에게 말씀하셨다는

메시지의 내용이 궁금했다.

내가 물었다.

"무슨 메시지죠?"

"첫 번째는 하나님께서 자매님을 이제부터

세상에 드러내실 텐데 두려워하지 말라는 메시지입니다."

"어머나! 제가 지금 그 문제로 기도하고 있는데….

기독교방송에서 간증 요청이 왔는데
처음으로 제 이야기를 세상에 공개하는 것이라서
해야 할지 말아야 할지 고민하고 있었어요.
저는 간증하는 게 매우 낯설고 어색해서
교회에서도 잘 안하거든요.
물론 간증은 하나님께 영광을 돌리는 일이기도 하지만
별로 알리고 싶지 않은 개인적인 이야기들을
공개하는 것이 부담스러운데 어떡하죠?
주님의 말씀이 그 말씀인가요?"
"아마 그것 때문에 저를 보내신 것 같습니다.
하나님께서 자매님을 통해 행하신 일들을
세상에 드러내시려고 하시는 것 같아요.
반드시 방송에 나가셔야 해요."
나는 속으로 깜짝 놀랐다.
내가 세상에 드러나는 것을
두려워하는 것을 주님께서 아시고
섬세한 방법으로 하나님의 사람을 보내셨다는 생각이 들었다.
그리고 두 번째는 앞으로 이 땅에서
내가 해야 할 사역에 대한 말씀이었다.
 이 부분은 내가 개인적으로 또 영적으로 받은 것이기 때문
에 공개하기는 어렵다. 주님이 내게만 말한 영적 비밀이었는
데 하나님의 사람을 통해서 들으니 기분이 이상했다.

나와 주님만 아는 이야기를 그녀의 입을 통해 들으니
그녀가 하는 말을 신뢰할 수 있었다.
나는 집으로 돌아와 기도하며 결단했다.
'그래, 주님이 내가 머뭇거리고 두려워하니까
주의 여종을 보내서서 방송에 나가서
간증을 하게 하시는구나.
순종해야 되겠다.'

2

나는 홍 작가에게 전화를 걸어 만나자고 했고,
그녀는 한달음에 내가 있는 곳으로 왔다.
인터뷰를 진행한 후 방송에 출연하게 됐다.
어떻게 내 이야기를 소개할지 막막했지만
하나님의 인도하심으로 편안하게 진행해보기로 했다.
제목을 정하는 가운데 홍 작가와 의견 차이가 있었다.
신실한 홍 작가는 지금 우리가 살고 있는
이 시대는 '신부의 시대'라고 말하며
방송의 제목을 '주님의 신부', '예수님의 신부'라고 하면
어떻겠느냐고 내게 물었다.
그런데 당시만 하더라도 나는 '신부'라는 단어에
약간의 거부감이 있었다.
그 성스러운 단어를 예수님을 믿지 않는 이단들이
이상한 교리를 만들어 함부로 쓰고 있기 때문이었다.

그래서 다른 제목을 달라고 주님께 기도했다.
기도하며 에베소서를 읽는데 성령께서
내 마음에 '예정'의 말씀을 묵상하게 하셨다.

> 곧 창세전에 그리스도 안에서 우리를 택하사 우리로 사랑 안에서 그
> 앞에 거룩하고 흠이 없게 하시려고 그 기쁘신 뜻대로 우리를 **예정**
> 하사 예수 그리스도로 말미암아 자기의 아들들이 되게 하셨으니 …
> 그 뜻의 비밀을 우리에게 알리신 것이요 그의 기뻐하심을 따라 그리
> 스도 안에서 때가 찬 경륜을 위하여 **예정**하신 것이니 … 모든 일을
> 그의 뜻의 결정대로 일하시는 이의 계획을 따라 우리가 **예정**을 입어
> 그 안에서 기업이 되었으니 엡 1:4,5,9,11

"이제 있는 것이 옛적에 있었고
장래에 있을 것도 옛적에 있었나니
하나님은 이미 지난 것을 다시 찾으시느니라"라는
전도서 3장 15절 말씀처럼 앞으로 일어날 모든 일도
이미 예정되어 있으리라는 생각이 들었다.
전에는 내가 왜 그리스도의 공생애 기간과 같은
서른한 살부터 서른세 살까지
극심한 고통을 겪어야 했는지,
내게 일어나는 많은 일들을 좀 더 신학적으로,
주의 종들을 통해서 분명히 깨닫기를 원했다.

이제는 주의 자녀들이 좀 더 깨어나기를 바란다.
주님께서 주시는 영적으로 풍족한 것들을
교리와 교단에 얽매여서
알지 못하고 나누지 못하는 것들이 참 많다.
영적으로 보면 하나님의 지혜와 지식이
얼마나 깊은지 그 부요를 측량할 수 없다.
그런데 늘 이성적으로 3차원의 영역에서
페이싱(pacing)하는 것,
즉 듣는 사람의 입장으로 속도와 눈높이를 맞춰
다시 이야기해야 할 때가 참 힘들다.
그래서 난 목사님들과 대화할 때 가장 편하다.
특히 성령충만한 목사님들을 만나면
내가 속도와 눈높이를 맞출 필요가 없다.
있는 그대로 주님께서 주신 영적인 상태를
노출해도 문제가 되지 않기 때문이다.
그래서 가끔 영적으로 깊이 대화를 나눌 수 있는
분들을 만나면 내 영이 춤을 추고 함께 기뻐한다.
우리는 대화를 나누며 성령충만함을 경험한다.
때로는 목사님뿐만 아니라 신실한 주의 자녀들을
만날 때도 마찬가지다.
성령충만한 주의 자녀들을 만날 때면
얼마나 성령의 임재와 역사가 강한지

나 자신도 놀랄 정도이다.

아주 가끔 신실한 주의 종들과 대화할 때

성령께서 깊이 관여하시는 것을 느낀다.

내 입의 모든 말과 사용되는 언어도 내 것이 아님을 알아차린다.

상대방과 영적으로 깊이 있는 대화를 나눌 때

숨통이 트이는 것 같아 시원하다.

때로는 서로가 방언 통변으로 대화를 나눌 때도 있다.

하나님은 신묘막측(神妙莫測)하신 분이시고,

무소부재(無所不在)하신 분이신데,

그것이 이상한 일인가?

나는 앞으로도 하나님께서 내게 주신

은혜의 분량대로 나아갈 것이다.

내가 믿는 하나님, 창조주 하나님, 사랑의 아버지 하나님,

십자가에 못 박히신 예수 그리스도

또 거룩하신 주의 성령, 성삼위일체 하나님 외에는

아무것도 인정하지 않는다.

다만 그분이 내 안에 들어와 역사하신 것을

이 책을 통해서 하나님의 자녀들과 나눌 뿐이다.

여기에 소개한 것은 내가 겪은 일들 중

아주 작은 부분만을 공개한 것이다.

내가 경험하는 모든 것들을 다 나눈다면

엄청난 영적 공격을 받을지도 모른다.

세상에는 의외로 마귀 역할을 하는 악인들도
많다는 것을 최근에야 깨달았다.
그들이 세상 밖에만 있는 것이 아니라
교회 안에 성도의 모습으로 들어와서
주의 자녀들을 몹시 괴롭힌다.
그들의 특성은 사랑을 미움으로, 감사를 원망으로,
축복을 저주로, 진실을 거짓으로 왜곡시켜버린다.
만약 공의의 하나님이 계시지 않다면
나는 인간적인 방법으로 그들과 싸워야 했을 것이다.
그러다 보면 진실이 아닌데 그들의 주장이
마치 사실인 것처럼 왜곡되거나 덧붙여져서
하나님의 영광을 가리게 되는 일들이 얼마나 많겠는가!
나는 불의를 보면 참고 인내하는 성격이 아니라서
아닌 것은 끝까지 싸우고 밝혀내야 한다.
그런데 하나님은 거짓말과 이간질을 하는 사람들을 보면
억울해서 가만두고 싶지 않을 때도 내게 잠잠하라고 하신다.
그분이 갚아주실 때까지 참고 기다리라는 것이다.
"원수 갚는 것이 내게 있으니 내가 갚으리라"(히 10:30)라는
말씀을 주시면서 말이다.
그래서 독자들에게 중보기도를 정중히 부탁하고 싶다.
"어리석고 연약하고 주님을 모르는 한 지체가
십자가의 은혜로, 하나님을 만나게 되었습니다.

그 부족한 자가 하나님께 온전히 순종하고
오직 예수 그리스도의 영광을 나타낼 수 있도록,
사탄의 영적 공격을 모두 이겨내고
이단의 궤계를 파(破)하고 승리하도록 기도해주세요."
하나님의 자녀가 그리스도 예수 안에서
한 성령과 한마음으로 변화되지 않고,
또 그들이 성령 안에서 교통함 없이
하나님의 사람을 의심하고 핍박한다면
내가 어디에서 하나님의 이야기를 할 수 있겠는가!
나는 이 글이 세상에 드러나는 것이 매우 두렵다.
하나님의 자녀, 소수의 사람들에게만
은혜를 나누고 싶은 것이 솔직한 마음이다.
영적으로 깨어 있지 않은 사람들이
내 글을 보고 함부로 판단하고 조롱하며
하나님의 영광을 짓밟지 않을까 우려가 된다.
그러나 주님이 허락하신 일이고,
성령이 함께하신 일이므로
담대하게 세상에 공개하기로 마음먹었다.
"십자가의 도(道)가 멸망하는 자들에게는 미련한 것이요
구원을 받는 우리에게는 하나님의 능력이라"
(고전 1:18)라고 말씀하시지 않는가!
이 책을 쓰면서 계속 머릿속에 떠오르는 말씀이 있다.

고린도전서 2장 9-14절 말씀이다.

기록된 바 하나님이 자기를 사랑하는 자들을 위하여 예비하신 모든
것은 눈으로 보지 못하고 귀로 듣지 못하고 사람의 마음으로 생각
하지 못하였다 함과 같으니라 오직 하나님이 성령으로 이것을 우리
에게 보이셨으니 성령은 모든 것 곧 하나님의 깊은 것까지도 통달하
시느니라 사람의 일을 사람의 속에 있는 영 외에 누가 알리요 이와
같이 하나님의 일도 하나님의 영 외에는 아무도 알지 못하느니라 우
리가 세상의 영을 받지 아니하고 오직 하나님으로부터 온 영을 받았
으니 이는 우리로 하여금 하나님께서 우리에게 은혜로 주신 것들을
알게 하려 하심이라 우리가 이것을 말하거니와 사람의 지혜가 가르
친 말로 아니하고 오직 성령께서 가르치신 것으로 하니 영적인 일은
영적인 것으로 분별하느니라 육에 속한 사람은 하나님의 성령의 일
들을 받지 아니하나니 이는 그것들이 그에게는 어리석게 보임이요,
또 그는 그것들을 알 수도 없나니 그러한 일은 영적으로 분별되기
때문이라

이 성경 말씀들을 떠올리며
육에 속한 사람들의 판단과 정죄,
악한 말들을 두려워하지 말고
성령의 인도하심을 따라 끝까지 순종하며
나아가야겠다고 마음을 다졌다.

나는 하나님께서 주신 달란트를 가지고
과감하게 하나님나라를 선포하며 나아갈 것이다.

때로는 치유 사역으로, 때로는 전문성을 통해
하나님의 영광을 드러내는 사람들을 만나면
정말 기쁘고 감사하다.
특히 하나님의 출판사인 규장을 통해서
소개된 분들의 사역을 볼 때면 하나님께 참 감사하다.
그 저자들에 대해서 이런저런 말들도 있지만
한 가지 분명한 것은 그 분들은 하나님의 사람이고,
하나님께서 그 분들을 사랑하신다는 것이다.
성령의 역사는 우리가 다 이해할 수 없다.
그 중심이 어디에 있는가가 중요하다고 생각한다.
한번은 이런 일이 있었다.
규장을 통해 《하나님의 대사》를 내신
김하중 장로님이 내가 다니는 교회에 오셔서
간증을 들려주신 적이 있었다.
남편이 그 분의 간증을 듣더니 말했다.
"너랑 똑같네? 내가 너를 좀 더 이해할 수 있게 됐어."
종종 내게 "성령님이 그렇게 세세한 것까지
다 이야기를 하시니"라고 핀잔을 줬던 남편도
장로님의 간증을 들으며 주의 성령께서

매우 섬세한 것도 잘 안내해주셔서
'그럴 수 있구나'라고 생각하게 된 것이다.
나와 가장 가까이에 있는 사람이
그렇게 얘기하는 것을 들으며 생각했다.
'영적인 체험도 그 장로님처럼 직분이 분명하거나
자기 분야의 전문성을 확실히 인정받을 수 있다면
사람들에게 함부로 판단받지 않겠구나.'

김하중 장로님이 2013년 크리스천 최고경영자 과정(C-Lamp)
모임에 오셨을 때 주님이 내게 급하게 중보기도 요청을 드리
라고 해서 기도 제목을 적어 건네드린 것이 이 글을 쓰면서
생각이 났다. 인간적인 생각을 하지 않고 오직 성령님께 순
종하며 하나님의 대사로서 담대하게 나아가는 그 분의 모습
에 나는 깊은 감명을 받았다.

3

2011년 2학기, 힘들게 달려왔던 시간을 뒤로하고
잠깐 한 학기를 쉬고 영국에 갔다.
그해 7월 이스라엘에 다녀오고 나서
주님은 내가 영국에 가게 될 것이라고 말씀하셨고,
갈 수 있는 여건도 만들어주셨다.
영국으로 떠나기 전에 주님께서 말씀하셨다.
'너는 영국에 가면 세계에서 온 많은 내 종,
선교사들을 만나게 될 것이다.'
그때 나는 생각을 했다.
'내가 무슨 수로 선교사들을 만나지?
세계 각 곳의 선교사들을 만날 일이 없는데?'
그러나 그 말씀은 정말로 맞았다.
큰딸이 영국 학교에서 유학생활을 하게 됐고,
가디언 선생님(현지 지도 교사)을 통해

박충열, 장명순 집사님 부부가 운영하는 하숙집을 알게 되었다.
정말 마음이 따뜻하고 친절한 분들이었다.
박 집사님은 한국 S가구 계열사 공장의 사장님이었는데
공장에 불이 나며 큰 어려움을 겪게 됐다.
그래서 동생이 사는 영국으로 와서
정착하게 되었다고 했다.
다행히 오랜 이민생활의 외롭고 힘든 시간을
잘 이겨내신 분들이었다.
그 분들의 소개로 영국의 런던순복음교회에 가게 되었다.
김용복 담임목사님과 고경희 사모님과
인사를 나누고 대화하는 과정에서
'런던 선교사 컨퍼런스'가 개최된다는 것을 알게 되었다.
아시아, 아프리카, 유럽에서 사역하고 계시는
순복음 교단의 선교사님들이 런던에서 모여
컨퍼런스를 갖는다고 했다.
나는 애당초 주 강사로 예정되어 있지 않았는데
하나님의 인도하심으로 여의도순복음교회의
이영훈 담임목사님과 함께 이틀 동안
'선교 코칭'이라는 주제로 강의를 하게 되었다.
한국에서 출발할 때는 생각지도 못했던 일이었다.
강의를 하루 앞둔 날이었다.
강의 자료는 미리 만들어놓았지만

핵심 주제를 어떻게 전달해야 할지 지혜를 구했다.
강의를 듣는 대상이 세계의 영적 최전방에서 오신
선교사님들이었기에 전문 지식으로만 강의할 수는 없었다.

강의 하루 전날, 나는 머리를 식힐 겸
아이들과 런던에 있는 한 놀이동산에 갔다.
큰딸 의성이와 작은딸 의진이,
조카인 지윤이와 지원이를 데리고 갔다.
조카들은 영국에 먼저 와서 유학생활을 하고 있었다.
전에 놀이동산에 와 봤다고 하면서 내 옆에서
우리 딸들이 바이킹을 타는 것을 같이 지켜보고 있었다.
나도 두 딸이 탄 바이킹이 왔다 갔다 하는 것을
보고 있었는데 갑자기 그 뒤의 나무숲에서
햇빛이 유난히 반짝반짝 빛나고 있었다.
그때 나도 모르게 기도가 나오기 시작했다.
반짝이는 나뭇잎 사이로 광활한 우주 속에
하나님의 큰 음성이 분명하게 들리는 것 같았다.
다음 날 주의 종들이 있는 곳에서 전해야 할
말씀들을 깨닫게 해주셨다.
얼마나 시간이 지났는지….
정신을 차려 보니 놀이동산이었다.
'여기가 어디지? 아, 놀이동산이지.

그런데 우리 애들은 어디에 갔지?'
놀라서 정신을 차려 보니 옆에 있던 조카들이
"이모~" 하고 불렀다.
"응, 의성이랑 의진이는 어디 있니?"
"저기….."
조카들이 가리키는 곳에 바이킹이 멈춰 서 있었고,
우리 애들이 그대로 앉아 있었다.
"어머! 시간이 한참 지났는데 왜 아직 저기에 있어?"
"이모, 바이킹이 멈췄는데 벨트가 안 풀려서
저렇게 다들 앉아 있어요."
"뭐라고? 벨트가 안 풀려서 앉아 있다고?"
"네, 기계를 고치는 사람이 올 때까지 기다리고 있어요."
나는 문득 이런 생각이 들었다.
'바이킹 기계가 계속 오르내리면
내가 하나님의 음성을 듣는 데 방해가 되어서
하나님께서 잠시 벨트가 풀리지 않게 하신 건 아닌가?'
순간 옥에 갇힌 베드로에게 주의 사자가 나타나
그의 손에서 쇠사슬이 벗어지게 하고
문이 저절로 열려 탈출하게 한
사도행전 말씀(행 12:7-10)이 떠올랐다.
그때 주님께서 내 안에서 말씀해주셨다.
'걱정하지 마라. 이제 푼다.'

주님의 말씀이 떨어지자마자 나는 조카들에게
"걱정하지 마, 이제 곧 풀릴 거야"라고 전했다.
그러자 놀랍게도 바로 벨트가 풀리고
사람들이 바이킹에서 내려오기 시작했다.
조카들은 그때 내가 하나님과 깊은 교제를 나누는 것과
한 시간 동안 풀리지 않던 벨트가 풀린다는 말과 함께
풀어진 사건을 목격한 이후 성경 공부와 기도를 더 열심히 했다.
그때 휴대폰으로 찍어 간직한 몇 장의 사진들이
그날의 일이 결코 우연이 아니었음을 기억하게 한다.
그날 하나님께서 내게 전한 말씀은 이것이었다.
'주님이 오실 때가 가까웠으니 끝까지 깨어 충성을 다하라.'
여러 말씀을 주셨으나 그것이 핵심이었다.

나는 그 말씀을 받고 집으로 돌아와 기도하고 잠들었다.
그리고 꿈을 꾸었다.
작은딸을 데리고 등산을 가려고 집을 나서
산에 올라가고 있는데, 해가 져서 어둑어둑해지고 있었다.
집으로 돌아가야 될 시간이 다 되어서
다시 집 쪽으로 돌아서 오는데
건너편에 놓여 있는 큰 바위에서
커다란 흰 뱀 한 마리가 나를 향해 오고 있었다.
뱀이 스멀스멀 기어 올라오는데도

꿈속에서 난 너무나 담대했다.

나는 맨발에 하얀 세마포 같은 긴 드레스를 입고 있었는데
그 뱀의 머리를 밟아 목을 졸라 죽여버렸다.

꿈속에서도 뱀의 머리에 뼈가 있다는 것이 느껴졌고,
그 뼈를 으스러지게 밟았을 때 느꼈던 통쾌한 기분을
아직도 생생하게 기억하고 있다.

실제 같은 그런 선명한 꿈을 꾸고 일어났는데
내 귓가에 '부우웅~' 하는 나팔 소리가 들렸다.

'웬 나팔 소리가 들리지?'

나는 하숙집 2층 계단을 내려갔다.

아래층에 있던 안주인인 장 집사님이
남편 집사님에게 잔소리를 하고 있었다.

"호호, 우리 집 아저씨는 못 말려요."

"무슨 일이세요?"

장 집사님이 겸연쩍게 웃으며 말했다.

"환갑이 넘은 양반이 새벽 시장에 나가서
저 나팔을 사가지고 왔어요. 마치 어린아이처럼요!"

남편 집사님은 부인이 잔소리를 하든 말든
입가에 웃음을 띠고 멋지게 뿔나팔을 불었다.

나는 웃으면서 다시 2층의 내 방으로 올라왔다.

그런데 갑자기 내 안에서 '기도하라'라는
음성이 강하게 들렸다.

나는 성경을 펴고 요한계시록을 보았다.

> 일곱째 천사가 소리 내는 날 그의 나팔을 불려고 할 때에 하나님이
> 그의 종 선지자들에게 전하신 복음과 같이 하나님의 그 비밀이 이루
> 어지리라 하더라 계 10:7

'하나님의 비밀이 이루어지리라'라는 말씀이 강하게 다가왔다.
'하나님의 비밀이 이루어진다는 것은
곧 열린다는 의미인 것 같은데….'
그때 성령께서 말씀하셨다.
'내 종들에게 가서 이 이야기를 전하라. 깨어 있어라.
네가 꾼 꿈과 나팔 소리와 계시록의 말씀을 모두 알려라.'

다음 날 선교 코칭 강의를 시작하기 전에
내 마음에 약간의 갈등이 생겼다.
어제 놀이동산에서 있었던 이야기를 그대로
주의 종들에게 전한다는 것이 부담이 되었다.
나로서는 낯선 이야기를 강단에서 전하는 것이 처음이었다.
그것도 한국이 아닌 영국 땅에서….
그러나 하나님께서 지금의 시대가 얼마나 중요하면,
또 선교사님들의 사명이 얼마나 중요하면
그것을 전하기 위해 아무것도 모르는

나같이 부족한 자에게 하나님 자신을
나타내셨을까 생각하니 정신이 퍼뜩 들었다.
그래서 무릎을 꿇고 간절히 기도했다.
주님이 쓰시는 도구로서의 사명을
온전히 감당할 수 있도록 해달라고, 용기를 달라고.
선교사 컨퍼런스의 오전 시간에는 세계 각국 선교지에서
수고하고 애쓴 선교사님들을 격려하기 위해
한국에서 이영훈 목사님이 오셔서 은혜로운 설교를 해주셨다.
많은 선교사님들이 목사님의 설교에 위로를 받는
모습이 내게도 큰 은혜가 되었다.
점심시간이 지나고 바로 내 강의가 시작되었다.
코칭 강의는 늘 하던 대로 편안하게 진행했지만
정말 순종이 쉽지 않음을 느꼈다.
놀이동산에서 하나님께서 들려주시고 보여주신 것과
평소 잘하지 않는 꿈 얘기까지 말하려니
성령의 도우심이 없이는 정말 힘들었다.
그래서 속으로 계속 기도하며 강의를 진행했다.
그리고 그 시간에 주님께서 말씀하신 대로
어제 있었던 모든 일을 주의 종들에게 전했다.
강의가 끝나자 몇 분의 선교사님이
앞으로 나와서 내게 말했다.
"맞죠? 주님이 곧 오시지요? 그런데 사람들이 아직도 잠을 자요.

선교지에서는 정말 확실히 느낄 수 있는데!"

한 선교사님은 나를 붙들고 주님이 자기에게 주신 말씀이 있다며

통곡하며 또 한편으로 기뻐하는 모습을 보았다.

그 모습을 보며 나는 많은 생각을 했다.

'내가 무엇이기에 이렇게 귀한 주님의 종들에게

은혜를 끼치는 도구로 사용될 수 있을까!

도대체 내 삶은 앞으로 어떻게 전개될까?

왜 내게 이런 일들이 일어날까?

언제쯤 하나님의 자녀들과 주의 성령 안에서

자유롭게 이야기를 더 나눌 수 있을까?

주님이 내게 주신 것들을 더 많이 전하고 싶은데,

언제쯤 더 나눌 수 있을까?

창세기의 에덴의 회복이 요한계시록에 다 예언되어 있는데

하나님을 대적하는 이단들은 하나님의 비밀의 말씀을

교묘하게 바꾸어서 수많은 영혼들을 속이고

자기들 쪽으로 끌고 가고 있는데

언제까지 하나님의 자녀들은 잠을 자고 있을까?

주의 종들과 많은 주의 자녀들이 성경을 보는 눈이 더 깊어지고

요한계시록의 말씀을 풀 수 있는 그 시간은 언제쯤 올까?'

나는 이 모든 것이 정말 궁금하다.

그리고 때로 참 외롭고 고독하다.

내게 일어나는 일들을 나눌 수 있는 사람이

극소수이기 때문이다.

나는 내가 경험하는 많은 것들을

독자들과 좀 더 나누길 원한다.

앞으로 마지막 영적 전쟁을 치르기 위해

하나님께서 이 책이 세상에 나오게 하시는 것 같다.

이제는 영적 민감성을 가지라고,

때가 되었기에….

에필로그

많은 부담과 우려를 가지고 이 책의 서두를 시작했는데,
주님께서 원고를 마칠 때쯤에는
마음의 평안과 기쁨을 회복시켜주셨다.
영적 노출에 대한 깊은 우려에도 불구하고
오직 하나님 한 분만을 찬양할 수 있는 기회를
주신 것이 정말 감사하다.
적어도 이 책을 읽는 주님의 자녀들은
그리스도 예수 안에서 서로를 위해
중보기도를 해주시리라 믿는다.

이 책을 쓴 목적은 분명하다.
살아 계신 하나님이 어제나 오늘이나 영원토록 동일하게
우리의 삶 속에서 역사하고 계시다는 사실을
믿는 성도들과 나누고 싶었다.

나는 아무런 능력도 없고, 특별한 사람도 아니다.
오직 하나님의 은혜로 그분이 행하신 것을
증거하는 역할을 하도록 쓰임 받은 것뿐이다.
모든 것은 하나님으로부터 나온다.
우리 모두 이 책을 덮고 하나님을 만나러
각자 기도의 골방으로 들어가자.
그것이 이 책을 쓴 진짜 목적이다.
기도의 골방에서 살아 계신 하나님을 만나자.
우리가 지금 깨어 중보기도해야 될 것이 얼마나 많은가?
전 세계 곳곳에서 들려오는 자연재해의 소식들,
전쟁, 가난, 태풍, 쓰나미, 홍수, 무엇보다 남북통일.
예수 이름 때문에 핍박 당하고 있는 북한 성도들,
북한에서 굶주림으로 죽어가는 어린아이들,
자유를 찾아 남한에 왔지만 상처받은 탈북자들.
전 세계 OECD 국가 중에 생명을 가장 경시하는 나라가
바로 대한민국인 것이 불편하고 부끄럽지만 사실이다.
OECD 국가 중 10년 이상 자살률 연속 1위,
낙태율 1위, 고아 수출 1위이다.
하나님이 주신 생명을 함부로 죽이고, 내다버리고,
자살하는 이 끔찍한 일이 우리 사회에 만연하다.
하나님은 천하보다 귀한 생명을 우리에게 주셨다.
이 생명은 너무나 귀해서 우리 마음대로 할 수 없다.

또 다른 부끄러운 수치들이 있다.

이혼율 1위, 인구 대비 성매매 여성수 1위,

저출생률 1위이다.

하나님이 지금 우리에게 무엇을 원하시는가?

나는 '회개와 중보기도'라고 생각한다.

우리가 기도하면 살아 계신 하나님은

반드시 그 기도에 응답해주시고,

우리나라를 더욱 아름답게 사용하실 것이라고 믿는다.

우리는 기도할 때

"모든 기도와 간구를 하되 항상 성령 안에서 기도하고

이를 위하여 깨어 구하기를 항상 힘쓰며

여러 성도를 위하여 구하라"(엡 6:18)라는 말씀대로 해야 한다.

하나님의 응답은 앞으로 이루어질 일이

확실하기 때문에 이미 이루어진 것처럼

'예언적 완료형'(Perfectum Propheticum)으로 말씀해주신다.

> 보라 전에 예언한 일이 이미 이루어졌느니라 이제 내가 새 일을 알리
> 노라 그 일이 시작되기 전에라도 너희에게 이르노라 사 42:9

하나님이 말씀하시는 시간의 시제는 예언적 완료형으로

우리가 말하는 달력상의 시간인

'크로노스'(Chronos)와는 다른 개념이다.

지금 당장은 아무 일이 안 일어나는 것처럼 보여도,
하나님의 때인 '카이로스'(Kairos) 시간에
우리에게 반드시 응답해주신다.
신앙생활을 하면서 때로 황당한 악인들도 만나고,
교활한 사람들도 교회 공동체에서 만날 수 있다.
그 악인들을 당해내기가 결코 쉽지 않다.
그러나 억울한 일을 당해서 힘들고 지쳐 있을 때,
그 모든 상황을 아시는 공의의 하나님께서 때가 되면
모두 갚아주시기에 기도로 승리하며 나아가야 한다.

이 책을 마무리하면서 정말 고마운 한 사람을 소개하고 싶다.
그녀가 없었다면 결코 이 책은 나올 수 없었을 것이다.
지금까지 이 책을 위해 7년 동안 함께 기도하며
용기를 주었던 하나님 안에서의 귀한 동역자,
안은정 원장이다.
그녀는 안과 의사로서 소명을 받고
세상적으로도 많은 걸 누릴 수 있음에도
언제나 하나님나라를 위해
주의 종들과 선교사님들을 돕고 헌신하는
삶을 사는 믿음의 사람이다.
현재 대한기독안과의사회 회장을 맡고 있으며
대학로 서울안과의 원장이다.

그녀는 수많은 하나님의 자녀들에게
영혼의 눈을 뜨게 하는 소망과 소명을 갖고 살아간다.
나는 그녀의 착한 행실을
하나님께서 허락하시는 그때에 공개할 것이다.
지금 내가 이 사명을 감당할 수 있었던 것도
그녀가 나를 위해 끊임없이 기도하며 용기를 준 덕분이다.
이 책을 마치며 그녀에게 말하고 싶다.
"안 원장님, 당신의 말이 맞았어요.
결국 당신의 기도대로 《예정》을 세상에 내놓게 되었네요.
정말 고맙습니다!
그리고 앞으로 귀한 의료 선교사로서
하나님의 영광을 멋지게 드러내는 삶을 살기를 축복합니다."
그동안 정말 많은 분들이
이 책을 놓고 함께 중보기도를 해주셨다.
일일이 다 거론할 수는 없지만 진심으로 감사의 마음을 전한다.
특히 나에 대해 가장 많이 걱정해주고 기도해준
남편 김형준 원장과 딸 의성이와 의진이,
사랑하는 동생들, 늘 아낌없이 나를 지지해준
양가 부모님, 그리고 이젠 자식 같은 제자가 된 새별이,
이 책의 축복의 통로가 되어준 이태형 기자님과
기도로 책의 출판을 도와준 규장의 여진구 대표님과
규장과 갓피플 식구들에게 뜨거운 감사를 드린다.

내게 생명을 주신 신랑 되신 예수 그리스도,
늘 나와 함께 동행하시는 성령 하나님,
그리고 우리를 너무나 사랑하시는 하나님 아버지께
온 마음을 다해 진심으로 감사를 드립니다.
내 부족함과 연약함, 어리석음을 아시고도
나를 찾아오셔서 생각지도 못한
기가 막힌 놀라운 은혜를 베풀어주신
만왕의 왕, 만군의 주 되신
여호와 야훼 하나님을 찬양합니다.
부족한 이 여종의 모든 기도를
오직 한 분, 영광의 하나님께 올려드립니다.
거룩하신 하나님 아버지, 사랑합니다!
정말 감사합니다.
할렐루야! 아멘!

살아 계신 하나님을
증거하는 책

원고를 다 넘기고 나서 홀가분해하고 있는데 규장의 편집장님으로부터 좀 더 보충해달라는 부탁을 받았다. 그래서 다시 글을 쓰다 보니 책 한 권의 분량이 또 나왔다. 하지만 그 글은 주님이 쓰게 하신 글이 아니라 내 생각대로 쓴 것이라 아까운 마음 없이 모두 버리기로 했다. 기도 가운데 보충해야 할 부분만 다시 소개하겠다.

사실 앞부분에 소개했던 성경과 번개와의 만남 이야기는 '내게 무슨 일이 일어났다'라고만 하고 지나가려고 했다. 왜냐하면 그날의 일을 전부 공개하기가 정말 부담스러웠기 때문이다.

'그냥 한 줄만 덧붙일까, 아니면 그날의 실제 상황을 그대로 전해야 하나?'

고민을 하며 기도하고 있었다.

퇴근하고 돌아온 남편과 하루 일과를 나누다가 책의 내용에 대해 언급하자 그는 매우 걱정스런 얼굴로 출간을 신중하게 재고해보라고 강하게 말했다.

"하나님께 영광을 돌리고 주님께 순종하고자 하는 그 마음이 순수할지라도 우리가 겪은 사실을 그대로 써서 세상에 냈다가는 엄청난 영적 공격을 받을 수 있기 때문에 정말 조심해야 해.

한국 교회는 각 교단의 입장 차이가 매우 크고, 개인적 체험이나 간증을 함부로 판단하고 정죄하는 사람들이 많기 때문에 전문성을 가지고 일하는 당신 같은 사람에게는 대단히 위험한 일이 될 수 있어."

그러면서 남편은 원고 전체를 자신의 이메일로 보내라고 했다.

"내가 읽어보고 내용이 너무 강하면 책을 내는 건 어려울 수도 있어."

남편이 무엇을 걱정하는지 알고, 나도 그의 말에 전적으로 동감하기에 마음이 상당히 힘들어졌다.

다음 날인 2014년 11월 20일 아침에 나는 한국기독실업인회 모임인 강남 CBMC에 참석했다. 목사님이 '다윗과 요나단의 변하지 않는 사랑'이라는 제목으로 말씀을 전해주셨다. 설교 중에 "하나님의 일을 하는 사람은 혈연을 의지하지 말고 오직 하나님만을 의지해야 한다"라는 말을 반복하셨다. 그 말이 꼭 내게 주시는 하나님의 말씀 같았다.

설교가 끝나고 친교 시간에 내 옆자리에 앉아 계시던 두 분께 책에 대한 의견을 들어봐야겠다는 생각이 들었다. 평소 신앙과 인품이 매우 훌륭하신 맥앤드엠이씨의 박종인 사장님과 탁월한 여성 리더로서 신실하게 신앙생활을 하고 계신 서울시 건강가정지원센터 협의회장이신 양한영 박사님에게 책 내용의 빠진 부분에 대해 말했다.

그런 내용을 그대로 공개했을 때 이상한 얘기처럼 들리는지, 남편의 말대로 정말 큰일 날 일인지 객관적인 의견을 들어보기로 했다. 천둥과 번개, 우레를 통해 그날 하나님께서 우리 가족에게 역사하신 이야기를 자세히 들려드리고서 두 분의 의견을 물었다. 먼저 양 박사님이 내게 말했다.

"사울이 바울로 변화하는 데 있어서 하늘로부터 빛이 비춰 주님이 개입하신 다메섹에서의 체험이 없었다면 그가 주의 신실한 종이 되었을까요? 하나님께서 자연 현상을 통해 가족 모두에게 역사하신 것을 있는 그대로 성도들에게 나누는 것이 그 책의 하이라이트라고 생각해요."

평소 양 박사님의 조용한 어조와 다르게 매우 강력하게 말씀하셨다. 그러고는 모범적인 신앙으로 많은 사람들의 존경을 받는 박 사장님이 진지하게 말했다.

"저는 기이한 일을 체험케 하신 하나님의 뜻을 가감 없이 기술하는 것이 옳다고 여겨집니다. 모든 일이 사람이 한 것이 아니라 하나님께서 행하신 일이기 때문입니다. 시편 107편 15절에 '여호와의 인자하심과 인생에게 행하신 기적으로 말미암아 그를 찬송할지로다'라고 하셨는데 《예정》은 살아 계신 하나님께서 오늘날에도 실제로 행하신 일을 증거하고 찬송케 하는 귀한 책이 될 것입니다."

목사님의 설교 말씀과 두 분의 이야기를 듣고 나니 다시 용기가 생겼다. 그리고 곧바로 옆 테이블에 앉아 계신 권사님들과도 이야기가 이어졌다. 그 분들도 두 분의 이야기에 전적으로 동감하시며 동일한 말씀들을 했다.

"모두 하나님께서 하신 일이시잖아요. 그분이 하신 일을 그대로 책에 낸다는데 이상한 말을 하는 사람들이 이상한 거죠. 사람들의 말에 신경 쓰지 마시고, 믿음으로 하나님께서 하신 일을 전해주세요. 한국 교회가 요즘 많이 어려운데 살아 계신 하나님을 증거하는 책이 나온다는 건 정말 힘이 나는 일이지요."

그때 한 권사님이 이런 말을 했다.

"그런데 하나님께서 행하신 성령의 역사를 성경 속에서만 인정하고, 오늘날도 이뤄지는 그런 역사에 대해서는 매우 부정적으로 보는 교단도 있으니 중보기도가 많이 필요할 것 같네요"

그 얘기를 듣는데 또 다른 권사님 한 분이 갑자기 CCM 찬양을 불러주셨다.

"힘을 내세요~ 힘을 내세요~.

주님이 손잡고 계시잖아요.

주님이 나와 함께함을 믿는다면

어떤 역경도 이길 수 있잖아요~."

찬양의 가사가 내 머릿속에 들어오면서 순간 하나님이 천사
들을 동원시켜 내게 용기를 주시는 것 같은 느낌을 받았다.

조찬 모임 후에는 추계전도초청과 송년의 밤 행사를 위한 중
창단 노래 연습이 있었다.

"다 감사드리세 온 맘을 주께 바쳐

그 섭리 놀라와 온 세상 기뻐하네~.

옛부터 주신 복 한없는 그 사랑

그 사랑 선물로 주시네.

전에도 이제도 장래도 영원히

내게 하나님 아들 독생자 주셨네~.

내가 약할 때 강함 주고 가난할 때

우리를 부요케 하신 주님께 감사 감사~."

찬양을 함께 부르는데 내 뺨에 눈물이 빗물처럼 흘러내렸다.
하나님께서 그 아들 독생자 예수 그리스도를 내게 주셨다. 생
각지도 못했는데 그분이 내게 오셨다. 내가 약할 때 강함 주시
고, 가난할 때 부요를 경험케 하신 그 주님이 나와 함께 계시다
는 찬송의 가사 하나하나가 내 뼛속 깊이에까지 박히는 듯했
다. 나는 노래를 잘 부르지 못하지만 은혜로 청우회 중창단과
함께 신나게 불렀다. 그리고 저녁에는 연동교회 상담아카데미

에서 상담사들을 대상으로 진행했던 3주 연속 코칭 강의를 마쳤다.

일을 다 마치고 집에 가서 남편과 다시 책 문제를 상의해야 했기에 조수환 목사님과 아침의 일을 짧게 나누었다. 목사님 또한 분명하게 조언해주셨다.

"하나님께서 하신 일들을 세상에 전하는 데 있어서 두려워하지 마시고 그분께 모든 것을 맡기세요."

집에 돌아와 남편과 다시 이야기를 했다.

"아무래도 책이 나오기까지 당신이 원고를 안 보는 것이 좋을 것 같아. 분명히 원고를 보면 당신은 책 내는 걸 반대할 거야. 오늘 목사님의 말씀과 여러 분들의 의견을 들어보았는데 하나님께서 하신 일을 그대로 공개하는 것이 좋겠어."

그랬더니 남편이 대답했다.

"아무리 믿음이 좋은 사람일지라도 자신의 문제가 아니면 쉽게 얘기할 수 있어. 책의 파장을 한번 생각해 봐. 세상에 악한 사람들이 얼마나 많은지 아니? 네가 아직 세상을 잘 몰라서 그래. 일단 원고를 내게 보내줘. 그리고 다시 얘기하자."

나는 규장의 편집장님께 남편에 대한 기도를 부탁했고, 다음 날 새벽기도 때 하나님께서 선하게 인도해주시기를 간절히 부르짖어 기도했다. 나를 아끼고 사랑하는 남편의 마음을 충분히 이해하지만, 나는 '주님이 무엇을 원하시는가'에 초점을 맞춰야 한다고 생각했다. 그리고 남편에게 말했다.

"지금까지도 우리의 삶을 하나님께서 인도하셨고 책임져주셨잖아. 앞으로도 그러실 거야. 그러니까 걱정하지 마. 이 책은 성령께서 쓰게 하셨기에 모든 영적 공격들을 다 책임져주실 거야. 당신이 걱정하는 게 뭔지 아는데 괜찮을 거야. 이 책으로 영적 공격을 받는 게 아니라 오히려 영적 보호막이 될 것이라고 믿어.

그런데 한번 생각해 봐. 정말 이상하지 않아? 어떻게 이와 같은 일이 우리에게 일어날 수 있는지. 하나님이 나와 우리 가족을 선택해주신 게 정말 신기하고 감사해. 당신 같은 믿음의 남편을 주시고, 말씀으로 바로 선 사람을 옆에 붙여주셔서 내가 잘못되지 않게 인도해주시는 것도 감사하고, 불신자였던 우리 가족들 모두가 '예수'라는 이름으로 하나가 됐잖아. 이런 기적이 어디 있어? 그러니 이 책은 출간되고 나서 당신이 봐줬으면 좋겠어.

또 규장출판사에서도 7년 동안이나 기도하고 나오게 된 책이잖아. 그런데 갑자기 책을 못 내겠다고 하면 매우 당황스러울 거야. 그러니까 걱정하지 말고 주님이 인도하시는 대로 한번 가보자, 응?"

남편은 아무 말이 없었다. 다음 날 문자메시지를 보내 왔다.

'책이 나오면 많은 제약과 곤란에 처할 것이 눈에 훤하게 보인다. 아직 우리나라의 정통 교단에서는 성령의 역사를 받아들이는 데 많이 열려 있지 않아. 얼마나 보수적이고 위험한지 네가 잘 몰라서 그래. 정말 다시 진지하게 생각해 봐. 제발 좀….'

나를 걱정하는 남편의 문자를 보니 잠시 마음이 편치 않았지만 주님은 염려하지 말라고 하셨다. 그리고 그날의 상황을 공개해도 문제가 없다고 재차 확신을 주셨다. 그래서 나는 남편에게도 중보기도를 요청하고 주님께서 인도하신 대로 갈 수 있도록 도와달라고 했다.

2014년 12월 1일 월요일, 책 출간을 한 달 앞두고 나는 다시 규장을 방문했다. 이른 아침에도 전 직원이 일찍 출근해서 내가 처음 방문했을 때처럼 뜨거운 예배를 드리고 있었다. 정말 귀하고 감사했다.

나는 《예정》이 오직 하나님 한 분께만 영광을 올리는 책이 되도록 기도를 부탁했다. 이 책이 한국 교회가 변화되는 시발점이 되며, 영적 보호막이 되도록 함께 뜨겁게 기도했다. 그날의 기도가 있어서인지 남편도 중보기도를 해주며 더 이상 원고 내용을 보여달라는 말을 하지 않았다. 그리고 내게 하나님께 모든 걸 맡기고 기도하며 신중하게 나아가자고 했다. 참 감사했다. 무사히 책이 나올 수 있을까 했는데 일단 한 고비를 넘긴 것이다!

2014년 학부대학 2학기 수업을 종강하면서 한 학생과 이야기를 나누었다. 그 학생은 2013년 5월 13일에 나를 찾아온 신실한 크리스천 학생이었다. 그때가 목사님들을 대상으로 하는 강의에 들어가기 전이었는데, 날짜까지 기억하고 있는 것은 그날 많은 일들이 있었기 때문이다.

"아라야, 네 이름을 내 책에 공개해도 되니?"

"그럼요, 저는 상관없어요."

"작년에 있었던 일을 책에 소개해도 괜찮겠니?"

"네, 그건 정말 충격적인 일이었어요. 교수님도 그 일을 아직도 기억하고 계시는군요."

"그럼, 그날 네가 다녀가고서 목사님들 수업 시간에 많은 일들이 일어났거든. 그날 이후 나도 신상에 많은 변화가 있었고…."

주님이 그때의 일에 대해서 일부분 공개하라고 하시니 순종하고 이 글을 쓴다.

그날 아라는 질문이 있다며 나를 찾아왔다.

"무슨 질문이니?"

"지금 막 ○○수업을 듣고 나서 아이들끼리 논쟁이 붙어서 교수님께 답을 얻으려고 찾아왔어요. 수업 시간에 담당 교수님이 학생들에게 기독교에만 구원이 있는 것이 아니라 원불교나 도교나 불교나 다른 종교에도 구원의 길이 있다고 했어요. 예수님을 믿지 않아도 착하게만 살면 궁극적으로 다 만나게 되어 있다고요."

"어머! 그래서?"

"제가 알기로 그 교수님은 크리스천이신데 그 분이 그렇게 말씀하시니까 기독교인인 친구들까지도 헷갈려하면서 기독교가 그런 걸로 받아들이는 거예요. 제가 아닌 것 같다고 얘기하다

보니 아이들과 논쟁이 생겨 답답해서 교수님을 찾아왔어요."

"너는 어떻게 생각하니?"

"교회에서는 그렇게 배우지 않은 것 같은데요."

"그래, 예수님 외에 다른 종교에 구원이 있다고 말하는 것은 다원주의야. 정말로 위험한 생각이지. 내 얘기를 잘 들으렴. 예수님 외에 구원은 절대 없어. 예수님께서 요한복음(요 14:6)에서 말씀하셨거든.

'내가 곧 길이요 진리요 생명이니 나로 말미암지 않고는 아버지께로 올 자가 없다'라고 하셨어. 오직 예수님만이 구원으로 갈 수 있는 길이기 때문에 다른 종교에 구원이 있다는 것은 정말 말도 안 되는 얘기란다. 수업을 들었던 크리스천 학생들에게도 절대 흔들리면 안 된다고 전해주렴."

"아, 이제 좀 더 확신을 갖게 되었어요. 감사합니다."

그렇게 이야기를 나누고 헤어졌는데 마음이 무거워졌다. 종교 다원주의적인 생각이나 복음의 변질이 아직 믿음이 약한 학생들에게는 대단히 위험할 수 있기 때문이다.

아라가 다녀간 후, 오후 시간에 목사님들을 대상으로 한 크리스천 코칭 수업을 진행했다. 그날 그 수업에서 크고 작은 일들이 있었다. 수업을 마칠 때쯤 한 목사님이 갑자기 손을 들고 말했다.

"우리 함께 한국 교회와 기독교대학을 위해 기도해요."

목사님들은 서로 소속 교단은 달라도 예수님의 이름으로 한 마음이 되어 뜨겁고 열정적으로 통성기도를 했다. 나는 한국 교회와 기독교대학의 미래를 걱정하고 사랑하는 그 분들의 마음을 읽을 수 있었다.

그날 함께 기도했던 목사님들께 지면을 통해 다시 한 번 감사를 드리고 안부를 전한다. 그날 있었던 일과 또 다른 일은 수업에 참석했던 목사님들은 모두 기억할 것이고, 그것에 대해 주님께서 말씀하신 것은 주님이 허락하실 때 또 나누기로 하겠다. 주님이 새로운 일을 행하시고 계신다. 그동안 내게 지지와 용기를 주신 목사님들께 하나님의 축복을 전한다.

이 책을 쓰는 내내 중국의 지하교회, 가정교회 성도들에 대한 기도가 많이 나왔다. 마지막 때에 하나님께서 중국의 성도들을 많이 들어 사용하실 것 같다는 생각이 든다. 모진 핍박 아래에서도 예수님을 저버리지 않는 목숨을 건 믿음이 진짜이다. 언젠가 중국의 성도들과도 만나 주님 안에서 천국의 혼인 잔치의 떡을 함께 떼며 기쁨을 나누고 싶다.

이 책을 읽는 모든 성도 분들도 함께 중보기도하며 주님이 오시는 날 "잘하였도다 착하고 충성된 종아"라고 칭찬받는 주의 자녀들이 되시기를 기도드린다. 다시 한 번 이 책을 쓰도록 강권적으로 역사하시고 이끌어주신 살아 계신 예수 그리스도, 완벽한 인격을 갖추신 성령 하나님, 우리를 사랑하시는 하나님 아버지께 모든 영광과 존귀와 감사를 올려드리며 기쁜 마음으로 이 글을 마친다.

온 땅이여 여호와께 즐거운 찬송을 부를지어다 기쁨으로 여호와를 섬기며 노래하면서 그의 앞에 나아갈지어다 여호와가 우리 하나님 이신 줄 너희는 알지어다 그는 우리를 지으신 이요 우리는 그의 것이니 그의 백성이요 그의 기르시는 양이로다 감사함으로 그의 문에 들어가며 찬송함으로 그의 궁정에 들어가서 그에게 감사하며 그의 이름을 송축할지어다 여호와는 선하시니 그의 인자하심이 영원하고 그의 성실하심이 대대에 이르리로다 시 100:1-5

예정

초판 1쇄 발행   2015년 1월 2일
초판 16쇄 발행   2023년 1월 17일

지은이   서우경

펴낸이   여진구
책임편집   김아진
편집   이영주 최현수 안수경 김도연 정아혜
디자인   마영애 노지현 조은혜 이하은
홍보·외서   진효지
마케팅   김상순 강성민 허병용   마케팅지원   최영배 정나영
제작   조영석 정도봉   경영지원   김혜경 김경희 이지수

303비전성경암송학교 유니게과정   박정숙
이슬비전도학교 / 303비전성경암송학교 / 303비전꿈나무장학회

펴낸곳   규장

주소   06770 서울시 서초구 매헌로 16길 20(양재2동) 규장선교센터
전화   02)578-0003   팩스   02)578-7332
이메일   kyujang0691@gmail.com   홈페이지   www.kyujang.com
페이스북   facebook.com/kyujangbook   인스타그램   instagram.com/kyujang_com
카카오스토리   story.kakao.com/kyujangbook
등록일   1978.8.14. 제1-22

책값   뒤표지에 있습니다.
ISBN 978-89-6097-389-3 03230

이 도서의 국립중앙도서관 출판시도서목록(CIP)은 서지정보유통지원시스템 홈페이지(http://seoji.nl.go.kr)와
국가자료종합목록구축시스템(http://www.nl.go.kr/kolisnet)에서 이용하실 수 있습니다.
(CIP제어번호 : CIP2014038066)

규 | 장 | 수 | 칙

1. 기도로 기획하고 기도로 제작한다.
2. 오직 그리스도의 성품을 사모하는 독자가 원하고 필요로 하는 책만을 출판한다.
3. 한 활자 한 문장에 온 정성을 쏟는다.
4. 성실과 정확을 생명으로 삼고 일한다.
5. 긍정적이며 적극적인 신앙과 신행일치에의 안내자의 사명을 다한다.
6. 충고와 조언을 항상 감사로 경청한다.
7. 지상목표는 문서선교에 있다.

하나님을 사랑하는 자 곧 그의 뜻대로 부르심을 입은 자들에게는 모든 것이 合力하여 善을 이루느니라(롬 8:28)

규장은 문서를 통해 복음전파와 신앙교육에 주력하는 국제적 출판사들의
협의체인 복음주의출판협회(E.C.P.A:Evangelical Christian Publishers
Association)의 출판정신에 동참하는 회원(Associate Member)입니다.